陳柱 著

公羊家哲學

（外一種）

貴州出版集團
貴州人民出版社

圖書在版編目（CIP）數據

公羊家哲學 : 外一種 / 陳柱著 . -- 貴陽 : 貴州人民出版社 , 2024. 9. -- ISBN 978-7-221-18624-9

Ⅰ . K225.04

中國國家版本館 CIP 數據核字第 2024RS5333 號

公羊家哲學（外一種）

陳　柱　著

出 版 人　朱文迅
責任編輯　馬文博
裝幀設計　采薇閣
責任印製　衆信科技

出版發行　貴州出版集團　貴州人民出版社
地　　址　貴陽市觀山湖區中天會展城會展東路 SOHO 辦公區 A 座
印　　刷　三河市金兆印刷裝訂有限公司
版　　次　2024 年 9 月第 1 版
印　　次　2024 年 9 月第 1 次印刷
開　　本　710 毫米 ×1000 毫米 1/16
印　　張　18.25
字　　數　110 千字
書　　號　ISBN 978-7-221-18624-9
定　　價　88.00 元

出版説明

《近代學術著作叢刊》選取近代學人學術著作共九十種，編例如次：

一、本叢刊遴選之近代學人均屬于晚清民國時期，卒于一九一二年以後，一九七五年之前。

二、本叢刊遴選之近代學術著作涵蓋哲學、語言文字學、文學、史學、政治學、社會學、目録學、藝術學、法學、生物學、建築學、地理學等，在相關學術領域均具有代表性，在學術研究方法上體現了新舊交融的時代特色。

三、本叢刊遴選之近代學術著作的文獻形態包括傳統古籍與現代排印本，爲避免重新排印時出錯，本叢刊據原本原貌影印出版。原書字體字號、排版格式均未作大的改變，原書之序跋、附注皆予保留。

四、本叢刊爲每種著作編排現代目録，保留原書頁碼。

五、少數學術著作原書内容有些許破損之處，编者以不改變版本内容爲前提，稍加修補，難以修復之處保留原貌。

六、原版書中個别錯訛之處，皆照原樣影印，未作修改。

由于叢刊規模較大，不足之處，懇請讀者不吝指正。

目録

公羊家哲學

陳柱題

公羊家哲學

北流陳　柱柱尊箸

自序

或曰：韓非子有言：「孔墨之後，儒分為八，墨離爲三，取舍相反不同，而皆自謂眞孔墨，孔墨不可復生，將誰使定後世之學乎？」嗚呼！知乎此，則可以論春秋矣。今之學者，或謂春秋非孔子作。今姑舍此不論。而假定其爲孔子作，則自孔子死後，春秋亦分而爲五：有左氏之春秋，有公羊氏之春秋，有穀梁氏之春秋，有鄒氏之春秋，有夾氏之春秋。鄒氏無師，夾氏無書。今所傳則唯左氏，公羊，穀梁三者而已。然三者之傳各異，將誰可以定春秋之是非乎？三傳皆託於孔子之春秋，而皆不足以定春秋之是非，則三傳者不幾可廢乎？而吾子之論春秋，獨述公羊，豈以公羊爲獨得其真乎？余竊惑焉，願聞其方。余曰：此別有說，春秋之果爲孔子作否，余別有春秋論；三傳之異同，果孰有合於春秋，余別有三傳異同辨，今欲少言之，則近於臆斷；欲長言之，則非萬數千言不能盡。故今茲所論，爲省免論難之故，獨名之曰公羊家哲學。蓋今所傳之春秋公羊傳與其謂爲孔子之春秋，無寧謂爲公羊之春秋；自董仲舒何休以下，皆說公羊之學，而亦各不能盡其同，與其定孰爲公羊之真，無寧統名爲公羊家之學；條其大義，去其乖戾，使世之學者，得以覽其通焉。夫然，故暫且不必爲孔子辨誣，不必爲春秋辨誣，亦不必爲公羊辨誣，而公羊家之哲學，乃大有其可論者矣。

民國十七年一月北流陳柱序於上海大夏大學

公羊家哲學

北流陳柱尊叢書

目錄

公羊家哲學

北流陳　柱柱尊著

革命說

公羊傳之說春秋，甚富於革命思想。漢何休注公羊，復立春秋新周王魯之說，革命之義益著。後世學者，咸大加詬病，以謂亂臣賊子所自出。于是乎習春秋者，或則以公羊爲孔子罪人，孔子作春秋，決不提倡悖逆若是；或則以何休爲公羊蟊賊，公羊解春秋，實無此等妄語。然吾以謂新周王魯，是否爲公羊微旨，要當別論。而公羊學說之富於革命思想，則顯而易見；革命之義，是否爲春秋條例，亦當別論，而孔子之富於革命思想，則亦顯而易明，非可厚誣也，論語記孔子言假我數年，五十以學易，可以無大過，則孔子於易之精研與信仰可知，其作革彖曰：『天地革而四時成，湯武革命，順乎天而應乎人。革之時義大矣哉！』革命二字，實始見於此。孟子傳孔子之學者也。其言曰：『聞誅獨夫紂，未聞弒君，』其革命思想何其激烈？則公羊之革命，謂必與孔子相剌謬，其誰信之？

復次，何注新周王魯之說，求之於傳，雖無顯明之文，然孔子云：『吾志在春秋，行在孝經。』又曰：『知我罪我，其唯春秋。』孟子曰：『春秋天子之事也。』又曰：『孔子作春秋而亂臣賊子懼。』倘此諸言而皆不足信則已；不然，則謂孔子作春秋，寓有革命之大義，又孰得而非之？

後世腐儒，不知革命之義古之學者恆言之，乃倡爲君父一體，天下無不是之君父之說。自此等說出，而革命遂爲學者所諱言。不知父子之道，出於天性；君臣之間，乃以義合。古者人臣有三諫不聽則去之義，未聞人子有離絕父母之文。故在父子之間，不幸而處變，則小者如凱風，大者如小弁，唯以號泣呼昊天，呼父母，以冀其感動而止耳。至於君臣之間，去之可也，諫之可也，死之可也。至如罪惡貫盈，忠臣死於朝，百姓死於野，如是而猶弗悟，則唯有如湯武之革命而已。蓋父子既本天性，則自非窮凶極惡之人，未有不能感動者，歷觀古今父子相殺弒之禍，惟國君爲多，士庶之家尠有聞焉，則父子之出於天性，與君臣之出於人合，殆有不可同日而語者矣。況夫父子者，一家之關係而已；家雖有不慈之父母，亦如孔子所謂小杖則受，大杖則避，亦未爲不可。若暴君昏主，則殺戮忠良，草芥民命，被其毒者乃在一國之民，如是尚可以君事之乎？此古之學者於父母則未嘗有革命之說，於君主則大張革命之文，非無故也。審乎此，則公羊之傳春秋，闡明革命之義，何足爲罪？何休之注公羊，推演新周王魯之說，何足爲怪？而俗儒

不察，猥謂孔子嚴君臣之分，無革命之說，學公羊者
又從而爲之諱，惑矣。
公羊傳闡發春秋革命之旨者，如隱公元年春
王正月，傳云：
王者孰謂？謂文王也。曷爲先言王而後言正
月？王正月也。何言乎王正月？大一統也。
春秋之時，正周代封建將成尾大不掉之勢；割
據分崩之禍，將從此漸烈。而孔子獨於春秋之首著
王正月之文，公羊以爲王指文王，蓋以文王爲受命
之君；武王革命，實基於文王；當殷紂之時，天下嘗大
亂，諸侯多故，及文王受命，雖衆建諸侯，然禮樂征伐，

權操天子，故論語記孔子言天下有道，禮樂征伐，自天子出也，是亦可以爲大一統也；至東遷之後，王綱墜而諸侯爭，强淩弱，衆暴寡，故孔子思天下有爲文王者起而華之，以爲大一統之天下，故曰：「文王既沒，文不在茲乎？」蓋或指春秋之義也。公羊傳所據以立說者，大要不外乎此。

至何休王魯之說，亦頗有可據者，蓋春秋於魯則書薨，於他國則書卒，隱三年書「宋公和卒」，十一年書「公薨」是也。傳曰：天子曰崩，諸侯曰薨，大夫曰卒。蓋王魯而不可顯書曰崩，故微辭而貶諸侯曰卒，則魯之書薨其尊於諸侯可知。然而不能崩魯者辭之正經也；不能不王魯者事之權變也。

王魯之說，既如上述。由是諸侯之國先與魯盟者則襃之，如隱元年書「公及邾婁儀父盟於眛」，

傳曰：

稱字，襃之也。因其可襃而襃之，漸進也。

何休注云：

春秋王魯，託隱公以爲始受命王，因儀父先與隱公盟，可假以見襃賞之法。譬若隱公受命而王，諸侯有倡始先歸之者，當進而封之以率其後。

蓋不名而字，所以襃其先慕王化也。由是凡先來朝魯者亦襃之，如隱七年書「滕侯卒」，何休注

云：

所以稱侯而卒者，春秋王魯，託隱公以爲始受命王；滕子先朝隱公，春秋褒之以禮，嗣子得以其禮祭，故稱侯見其義。

又隱十一年書「春滕侯薛侯來朝」，何休注云：

稱侯者，春秋託始隱公以爲始受命王，滕薛先朝隱公，故褒之。

蓋於所傳聞之世不卒，今卒而侯者，褒其能先朝也。由是先與魯交接者，則亦褒之，如隱八年書「辛亥宿男卒」，何休注云：

宿本小國不當卒，所以卒而日之者，春秋王魯，以隱公爲始受命王，宿男先與隱公交接，故卒襃之也。

蓋日而卒之者，亦以襃其先向化也。反是，被化而失禮者，則亦責之。如隱元年書「秋七月天王使宰咺來歸惠公仲子之賵」，何休注云：

所傳聞之世，外小惡不書，書者來接內也。春秋王魯，以魯爲天下化首，明親來被王化，漸漬禮義者，在可備責之之域。故從內小惡舉也。

凡此皆欲以魯化外，欲成其大一統者也。若夫往盟書曰涖盟，如僖三年書曰「冬，公子友如齊涖盟，」何休注云：

　春秋王魯，故言蒞以見王義。使若王者遣使

蒞諸侯盟，飭以法度。

　蓋以魯爲王者遣使以蒞諸侯之盟也。於魯戰

勝則不書戰，如隱十年書曰「六月壬戌公敗宋師

於菅，」何休注云：

　不言戰者，託王於魯，故不以敵辭言之，所以

彊王義也。

　蓋所以示王者之無敵也。於敗績則諱敗而書

戰，如桓十年書曰「冬，十有二月丙午齊侯衛侯鄭

伯戰於郎，」傳云：

何以不言師敗績，內不言戰，言戰乃敗矣。

何休注云：

春秋託王於魯。戰者敵文也。王者兵不與諸侯敵，戰乃其已敗之文，故不復言師敗績。

蓋以明王者之不與諸侯敵也。於威我者則書曰獻捷。如莊三十一年書曰「六月齊侯來獻戎捷，」傳云：

齊大國也。曷爲親來獻戎捷？威我也。其威我奈何？旗獲而過我也。

何休注云：

不書威魯者，恥不能爲齊所忌難見輕侮也。

言獻捷繫戎者，春秋王魯，因見王義。古者方伯征伐不道，諸侯交格而戰者，誅絕其國，獻於王者。

蓋使若方伯征伐獻捷於王也。斯皆欲以魯統諸侯，而定其尊卑者也。此皆何休所據以發明春秋革命之大義也。皆公羊家革命之學說，所謂「非常異義」者也。然革命者，必先正己而後能正人。故不先自正者春秋譏之。如隱二年書曰「公會戎于潛」，何休注云：

凡書會者，惡其虛內務，恃外好也。古者諸侯非朝時不得踰竟。所傳聞之世，外離會不書，書內離會者，春秋王魯，明當先自詳正，躬自厚而薄責於人，故略外也。
蓋自身不正而妄爲革命，斯正伯夷叔齊所謂「以暴易暴」，莊子書所謂「以火救火以水救水」者也。豈眞能革命者乎？此又公羊家對於革命者之愼重態度也。
且孔子革周，何獨王魯？或以論語孔子言「齊一變，至於魯？魯一變，至於道」，故以魯爲可王；或以謂魯姬姓，周公之後，孔子常歎「不復夢見周公」，故主王魯，此皆謬說也。夫春秋譏世卿；且春秋之時，魯亦不道甚矣。豈以上溯周公而謂其可王哉？公羊家之意，決不如是，而王魯云者，特託詞以見意爾。故春秋於二月三月均書王，見隱三年春王二月 隱五年春王三月 白虎通釋之云：

王者所以存二王之後何也？所以尊先王，通天下之三統也，明天下非一家所有，謹敬謙讓之至也。

此說未能盡暢其意，蓋懼當時之文網使然。然其云「明天下非一家所有」，則魯之不得以姬姓而王可知矣。若以姬姓則當繼周而王，則是仍不外一姓傳統之念，豈足以語於革命乎？

哀公十四年公羊傳言孔子作春秋之意，其革命思想尤爲顯著，其言曰：

君子曷爲爲春秋？撥亂世，反諸正，莫近於春秋。則未知其爲是與？其諸君子樂道堯舜之道與？末不亦樂乎堯舜之知君子也！制春秋之義以俟後聖，以君子之爲，亦有樂乎此也！

孔廣森釋之云：

言君子豈不樂當世有聖帝如堯舜者，知君子而用之也？既不可得，退修春秋，以俟後世王者復起，推明春秋之義，以治天下，則亦君子之所樂也，

孔說亦有所顧忌，而不能明快。此文謂「撥亂世，反諸正」，曰「撥」，曰「反」，發明革命之旨豈

八一中華書局聚

不明甚？又云：「制春秋之義以待後聖」則言孔子作春秋著革命之指以待後聖，又何其明且切也？

公羊家哲學

尊王說（或名統一說）

公羊家又有尊王之義。問者曰：如前篇所言，孔子著春秋既大倡革命之說，何爲而復倡尊王，得無有矛盾之牾乎？應之曰：有一時之權，有長久之經。革命者，一時之權也；尊王者，長久之經也。古之所謂王，蓋猶中央行政之首領。董仲舒曰：『王者民之所往；君者不失其羣者也。故能使萬民往之，而得天下之羣者，無敵於天下』。謂王者所以統一其國者也。夫能統一則其國乃可得而治，反乎是則其國必紛爭而亂，此必然之勢也。然則孔子所以倡革命之說者，誠以當時之所謂王，已昏亂無道，不足以爲天下之共主，而天下之崩離日甚，故假王魯之說以見意。然而統一之綱，君臣之權，上下之禮，固不可以不明也。故尊王革命，雖似相反，而實不可以相廢。而其尊王之目的，則在於統一也。此公羊家既言革命，又言尊王，所以不得爲矛盾也。

隱元年經書曰「元年春王正月」，傳曰：「何言乎王正月？大一統也。」董子春秋繁露釋之曰：「王者必受命而后爲王。王者必改正朔，易服色，制禮樂，統一于天下。」然則「王正月」云者，自公侯以至於庶人，莫不統一之者也。此公羊家說春秋大一統之義也。

又隱元年經書曰「冬十二月祭伯來，」傳曰：「祭伯者何？天子之大夫也。何以不稱使？奔也。奔則曷爲不言奔？言奔則有外之辭也。」夫曰「王者無外」，卽詩所謂「普天之下，莫非王土，率土之濱，莫非王臣」者也。荀子引此詩而釋之曰：「聖王在上，分義行于下，則大夫無流淫之行；百吏官人無怠慢之事；衆庶百姓無姦怪之俗，無盜賊之罪，莫敢犯大上之禁。」淸儒劉師培以謂荀子此說，卽公羊大一統之義，其說是也。此亦公羊家說春秋大一統之義也。

夫尊王所以達此大一統之目的者也。今請略舉公羊家所說春秋尊王之大義。隱三年經書曰「三月庚戌，天王崩。」傳曰：何以不書葬？天子記崩不記葬，必其時也。何休解詁云：「至尊無所屈也。」夫曰「至尊無所屈」則爲天下之至尊無上者可知。是故王人雖微，序於諸侯之上，所以先王命也。如僖八年經書曰「春王正月公會王人齊侯宋公衛侯許男曹伯陳世子款鄭世子華盟於洮，」公羊傳云：王人者何？微者也。曷爲序乎諸侯之上？先王命也。

是也。由是天子使來聘，則喜而書之，所以尊王命也。

如隱七年經書曰「冬天王使凡伯來聘,」何休解詁云:

書者喜之也。古者諸侯有較德,殊風異行,天子聘問之,當北面稱臣,受之大廟,所以尊王命,歸美於先君,不敢以己當之。

傳云:

其言從王伐鄭何?從王,正也。

是也。從天下征伐,則美而書之,所以奬從正也。如桓五年經書曰「秋,蔡人衞人陳人從王伐鄭,」公羊何休解詁云:

美其得正義也,故以從王征伐錄之。蓋起時

天子微弱，諸侯背叛，莫肯從王者征伐，以善二國之君，獨能尊天子死節。是也。有尊王之心者則隱其惡而諱之，所以勸爲善也。如僖九年經書曰「春王三月丁丑宋公禦說卒，」傳曰：

何以不書葬？爲襄公諱也。

何休解詁云：

襄公背殯出會宰周公，有不子之惡，後有征齊憂中國尊周室之心，功足以除惡，故諱不書葬，使非背殯也。

此以書卒而不書葬，所以爲宋襄諱也。文十二年書曰「夏五月壬午陳侯朔卒」何休解詁云：

不書葬者，盈爲晉文諱也。晉文雖霸會人孤

以尊天子，自補有餘，故復盈爲諱。

此以書卒而不書葬，所以爲晉文諱也。有匡周室憂

中國之心者，則諱其滅，以勸之，所以勉有德也。如僖

元年經書曰「齊師宋師曹師次于聶北，救邢」，傳

曰：

救不言次，此其言次何？不及事也。不及事者

何？邢已亡矣。孰亡之？蓋狄滅之。曷不言狄滅之？爲

桓公諱也。

此以邢已亡而不言滅，所以爲齊桓諱也。有明王法，

憂中國之心者則信其盟以美之，所以褒有功也。宣十一年經書曰：「夏楚子陳侯鄭伯盟于辰陵，」何休解詁云：

不日月者，莊王行霸，約諸侯，明王法，討徵舒，善其憂中國，故爲信辭。

此時而信之，所以美楚莊之善也。

以上皆美尊王之義者也。反是，若與尊王之義相戾，則惡之故。犯天子之命者，則名以絕之。如莊六年經書曰「夏六月衛侯朔入于衛，」傳云：

衛侯朔何以名？絕。曷爲絕之？犯命也。其言入何？簒辭也。

是也。無尊事天子之心者，則書而誅之。如隱八年經書曰「三月鄭伯使宛來歸邴」何休解詁云：

歸邴書者，甚惡鄭伯無尊事天子之心，專以湯沐邑歸魯，背叛當誅也。

是也。不事天子者，則書出以絕之。成十二年經書曰「春周公出奔晉」傳云：

周公者何？天子之三公也。王者無外，此其言出何？自其私土而言也。

解詁云：

周公驕蹇，不事天子，出居私土，不聽京師之政，天子召之而出走，明當并絕其國，故以出國錄之也。

是也。不會天子之葬者，則書葬以惡之。文九年經書曰「辛丑葬襄王」傳云：

王者不書葬，此何以書？不及時書，過時書，我有往者則書。

解詁云：

謂使大夫往也。惡文公不自往，故書葬，以起大夫會之。日者，僖公成風之喪，襄王比加禮，故恩錄之，所以甚責內。

是也。

公羊傳說春秋尊王之義，於十二公之中，其最顯著者，莫如桓公之篇。桓十八年之中，惟元年，二年，十年，十八年，有王。其餘均無王。董子春秋繁露玉英篇云：

桓之志無王，故不書王；其志欲立，故書卽位。書卽位者，言其弒君兄也；不書王者，言其背天子。是故隱不言正，（隱十一年）桓不言王者，皆從其志，以見其事也。從賢之志以達其義，從不肖之志以著其惡。

何休解詁於桓三年「春正月」釋之尤詳。其言曰：

無王者，以見桓公無王而行也。二年有王者，見始也。十年有王者，數之終也。十八年有王者，桓公之終也。明終始有王，桓公無之爾。不就元年見始者，未無王也。

蓋桓無王，故從其不肖之志，以無王書之，以著其惡；而王法終不可以不加，故書王於終始以治之。由公羊家之說，則春秋尊王之大義，不亦甚隱而至顯乎？若夫無王之甚，而至於不忍言者，與夫王法必不可以假借者，則諱而恥之。詩曰：『不可道也，所可道也，言之醜也』，此之謂也。茲舉例如下：

（一）實致天子而諱若不致天子。

僖二十八年經書曰：公朝于王所。

傳曰：曷爲不言公如京師？天子在是也。天

子在是，則曷爲不言天子在是？不與致天子也。

何休解詁云：時晉文公年老，恐霸功不成，故上白天子曰：諸侯不可卒致，願王居踐土，下謂諸侯，曰：天子在是，不可不朝，迫使正君臣，明王法。雖非正，起時可與，故書朝，因正其義。不書諸侯朝者，外小惡不書，獨錄內也。不書如，不言天王者，從外正君臣，所以正文公之功。

又曰：天王狩于河陽。

傳曰：狩不書，此何以書？不與再致天子也。

史記，孔子世家云：踐土之會，實召周天子，而春秋諱之曰：天王狩于河陽。推此類以繩當

世貶損之義，後有王者，舉而開之，春秋之義行，

則天下亂臣賊子懼焉。

何休解詁云：深正其義，使若天子自狩，非致也。

（二）實伐天子而諱若不伐天子。

宣元年經書曰：冬，晉趙穿帥師侵柳。

傳曰：柳者何？天子之邑也。曷爲不繫乎周？不與伐天子也。

何休解詁云：絕正其義，使若兩國自稱伐。

（三）天子實不能救而諱若不深救。

莊六年經書曰。春王正月，王人子突救衛。

傳曰：王人者何？微者也。子突者何？貴也。貴則其稱人何？繫諸人也。曷爲繫諸人？王人耳。

何休解詁云：刺王者，朔在岱陰齊時，一使可致，一夫可誅，而緩令交五國之兵，伐天子所立，還以自納，王遣貴子突卒不能救，遂爲天下笑。故爲王者諱，使若遣微者弱愈，因爲內殺惡。救衛時，此月者，嫌實微者，故加錄之，以起實貴子突，

孔廣森云：言子突乃王人耳，使若不深助留，但遣微者子突，無威重，不能成功，以爲天子殺恥矣。

（四）天子實敗于人而諱若自敗。

成元年經書曰：秋王師敗績于貿戎。

傳曰：孰敗之？蓋晉敗之。或曰：貿戎敗之。然則曷爲不言晉敗之？王者無敵，莫敢當也。

何休解詁云：正其義，使若王自敗于貿戎，莫敢當敵敗之也。不日月者，深正之，使若不戰。

（五）諸侯實專封而諱若不專封。

僖二年經書曰：春王正月城楚丘。

傳曰：孰城？城衞也。曷爲不言城衞？滅也。孰滅之？蓋狄滅之。曷爲不言狄滅之？爲桓公諱也。曷爲爲桓公諱？上無天子，下無方伯，天下諸侯有相滅亡者，桓公不能救，則桓公恥之也。然則孰城之？桓公城之。曷爲不言桓公城之？不與諸侯專封也。

蕭楚云：齊桓存三亡國，封衛之功，尤爲彰著。衛人欲厚報之，至形於篇詠。當時歸其仁，而遠人自是向慕。江人黃人來會於貫澤是也。觀木瓜之什，列於國風，則是聖人亦以爲善矣。於春秋獨沒其事實，何也？夫存亡繼絕，建邦開國，所謂作天下之福，王人秉此以懷人，以永天命，不可失者。君子不書於經，俾讀春秋者如無其事焉，所以示王道之存也。若直書曰：狄人滅衛，齊侯封衞于楚丘，則爲無王矣。

杜按：如蕭說，則諱齊城楚丘，實兼爲王諱，深恥王之不能城也。

（六）諸侯實專地而使若不專地。

桓元年經書曰：鄭伯以璧假許田。

傳曰：其以璧假之何？易之也。易之，則其言假之何？爲恭也。曷爲爲恭？有天子存，則諸侯不得專地也。

何休解詁云：爲恭遜之辭，使若暫借之辭。

此皆諱言之者也。蓋公羊家之意，以謂諱之乃所以深恥之，恥之乃所以深痛之也。如隱五年經書曰：初獻六羽。傳曰：

初獻六羽，何以書？譏。何譏爾？譏始僭諸公也。始僭諸公，昉於此乎？前此矣。前此則曷爲始乎此？僭諸公，猶可言也；僭天子，不可言也。

孔廣森云：前此羣公子之宮，已偏舞八佾，今於仲子降一等，猶僭諸公。春秋內大惡諱，謹因其可言者，譏始於此。然六羽猶譏，八羽可知。故曰：「易本隱以之顯，春秋推見至隱。」此之類也。

此公羊家說春秋諱之之說，蓋更甚於直刺之者矣。公羊家說春秋尊王之義，更有深意存者，蓋謂始無王，則示以無王之義；乃至愈無王，則愈著王以存王。茲舉其說如下：

（一）桓三年經書曰：春正月。

何休解詁云：無王者，以見桓公無王而行也。

（二）僖二十八年經書曰：壬申公朝于王所。

傳曰：其日何？錄乎內也。

何休解詁云：不月而日者，自是之後，諸侯不繫天子，若日不繫於月。

（三）昭二十二年經書曰王室亂。

何休解詁云：宮謂之室，刺周室之微，邪庶並篡，無一諸侯之助，匹夫之救，如一家之亂也。

故變京師言王室。不曰成周，言王室者，正以責諸侯也。

（四）昭二十三年經書曰：天王狩于狄泉。

傳曰：此未三年，其稱天王何？著有天子也。

何休解詁云：時庶孽並篡，天王失位，徙居，微弱甚，故急著正其號。

（五）昭二十六年經書曰：冬十月，天王入于成周。

何休解詁云：上言天王，著有天子。

蓋天下已無王，故亟亟焉著王以存之也。

觀此五例，可見（一）之時天下尚有王，唯桓無王，故不書王以見其無王。至(二)與(三)之時，天下漸無王；故或不月而日，或不言京師，而言王室，以見王之漸微也。至(四)與(五)之時，則天下已無王，則不可復不書王，而當大書王矣。何也？蓋天下尚有王，則書無王可以見惡；若天下盡無王，而復以無王書之，則天下果以爲可以無王矣，故不得不書王也。

雖然，公羊家言春秋，豈特責人之尊王而已哉？王者所以行此大一統之法者也。春秋爲尊此大一統之法，故尊此大一統之王，王而自壞其法，此又春秋所大惡而深刺者也。舉例如下：

(一)天子歸有罪則譏之。

僖二十八年經書曰：六月衞侯鄭自楚復歸于衞。

何休解詁云：言復歸者，天子有命歸之。名者刺天子歸有罪也。言自楚者爲天子諱也。天子所以陵遲者，爲善不賞，爲惡不誅；衞侯出奔當絕，叔武讓國，不當復廢而反衞侯，令殺叔武，故使若從楚歸者：

（二）天子好利則譏之。

隱三年經書曰：武氏子來求賻。

傳曰：何以書？譏。何譏爾？喪事無求，求賻，非禮也。

文九年經書曰：春毛伯來求金。
傳曰：何以書？譏。何譏爾？王者無求；求金，非禮也。繼文王之體；守文王之法度；文王之法無求，而求，故譏之也。
說苑，周天子使家父毛伯求金于諸侯，春秋譏之。故天子好利則諸侯貪；諸侯貪則大夫鄙；大夫鄙則庶人盜；上之變下，猶風之靡草也。
（三）天子賞賜不中禮則譏之。
莊元年經書曰：王使榮叔來錫桓公命。
何休解詁云：不言天王者，桓行實惡，而乃追錫之，尤悖天道，故云爾。

文元年經書曰：天王使毛伯來錫公命。

何休解詁云：主書者，惡天子也。古者三載考績，三考黜陟休明。文公新即位，功未足施而錫之，非禮也。

（四）有罪不能誅則譏之。

桓十五年，經書曰：春二月天王使家父來求車。

何休解詁云：求例時，此月者，桓行惡，不能誅，反從求之，故獨月。

（五）不能事母則書出以絕之。

僖二十四年經書曰冬天王出居于鄭。

傳曰：王者無外，此其言出何？不能乎母也。

何休解詁云：不能事母，罪莫大於不孝。故絕之言出也。

（十八）失親親之義則書以譏之。

襄三十年經書曰：天王殺其弟年夫。

何休解詁云：王者得專殺；書者，惡失親親也。

觀此六例，則公羊家說春秋尊王之義可知。蓋王必有可尊之道而後尊，故爲王者尤當謹其過失也。春秋繁露王道篇敘自天王使宰咺來歸惠公仲子之賵等數十事，而結之曰：『以此之故，弒君三十六,原作二據淩曙校改亡國五十二,原作一據淩曙校改細惡不絕之所致也。』可見公羊家說春秋,雖貴尊王,而貴王有可尊之道。無可尊之道,則獨夫耳,此所以又貴乎革命也。蓋春秋假王魯以見革命之義,以寒獨夫之膽;著尊王以見大一統之道,以維天下之人心。故太史公曰:『爲人君父而不通于春秋之義者,必蒙首惡之名。』王魯革命之說是也。『爲人臣子而不通於春秋之義者,必陷簒弑之誅,死罪之名。』尊王一統之說是也。故公羊家說春秋有革命尊王之義,而不得謂之矛盾。

公羊家哲學

弭兵說

或謂荀卿有言「人生有欲，欲而不得則不能無忿，忿而無度量則爭。」然則爭戰也者，人與禽獸皆不能無者也。故呂氏春秋云：「未有蚩尤之時，民固剝林木以戰矣。」蓋自有血氣之倫，即莫不戰矣。況夫非義之相加，非族之相陵；或出於禁暴鋤亂而戰，或出於自衞自防而戰。則兵也者，豈可以言弭？孔子曰：「以不教民戰，是謂棄之。」然則戰非孔子之所諱言者也。而公羊家之說春秋，以爲孔子有弭兵之指，何哉？

應之曰：是何言也？「天地之大德曰生」，君子以不忍人之心，行不忍之政。戰也者，所以驅民於死者也。君子豈忍爲之哉？老子曰：「兵凶器也，戰危事也，聖人不得已而用之。」夫曰「不得已」，則可已者無不已矣。所謂「不得已」者，周禮大司馬九伐之職曰：「馮弱犯寡則眚之，賊賢害民則伐之，暴內凌外則壇之，野荒民散則削之，負固不服則侵之，賊殺其親則正之，放弒其君則殘之，犯令陵政則杜之，外內亂鳥獸行則滅之。」此君子不得已而用兵之說也。夫人而至於馮弱犯寡，賊賢害民，暴內陵外，野荒民散，負固不服，賊殺其親，放弒其君，犯令陵政，外內亂，鳥獸行，則天下之死者多矣。故君子不得已而用兵，將以少數之死，易多數之生，而戰伐之事遂不能免耳。豈有一毫爭奪之意於其間哉？故曰：「行一不義，殺一不辜，而得天下，不爲也。」夫孟子學孔子者也，學孔子之春秋者也，其言曰：「爭地以戰，殺人盈野；爭城以戰，殺人盈城：此所謂率土地而食人肉，罪不容於死。故善戰者服上刑；連諸侯者次之；闢草萊，任土地者，又次之。」又曰：「今之所謂良臣，古之所謂民賊。」孟子之惡戰如此，春秋之大義可以推知矣。故春秋繁露竹林篇云：「戰攻侵伐，雖數百起，必一一書，傷其所害重也。」又曰：「會同之事，大者主小；戰伐之事，後者主先。』又曰：『春秋之所惡者，不任德而任力，驅民而殘之。』董子此言，於春秋弭兵惡戰之旨，可謂深切矣。此可以代表公羊家之思想矣。

蓋嘗試而論之：公羊家以謂孔子作春秋，蓋欲撥亂世反之正，以致太平者也。故其惜必推本於仁義。滅國者至不仁之事也，故春秋深貶之。隱二年書曰：無駭率師入極。傳曰：

無駭者何？展無駭也。何以不氏？貶。曷爲貶？疾始滅也。始滅昉於此乎？前此矣。前此則曷爲始乎此？託始焉爾。曷爲託始焉爾？春秋之始也。

解詁云：

春秋託王者始，起所當誅也。

是也。傷害多至不仁之事也，故春秋深刺之。隱二年

書曰：夏五月莒人入向。解詁云：

入例時，傷害多則月。

是也。久暴師，至不仁之事也，故春秋深疾之。隱六年

書曰：冬宋人取長葛。傳曰：

外取邑不書，此何以書？久也。

解詁云：

古者師出不踰時。今宋更年取邑，久暴師苦

衆居外，故書以疾之。

是也。用火攻，至不仁之事也，故春秋深惡之。桓七年

書曰：春二月己亥焚咸丘。傳曰：

焚之者何？樵之也。樵之者何？以火攻也。何言

乎以火攻？疾始以火攻也。

解詁云：

征伐之道，不過用兵。服則可以退；不服則可

以進。火之盛炎，水之盛衝，雖欲服罪，不可復禁。故

疾其暴而不仁也。

是也。輕百姓，至不仁之事也，故春秋深譏之。僖二十

六年書曰：冬楚人伐宋圍緡。傳曰。

邑不言圍，此其言圍何？刺道用師也。

解詁云：
時以師與魯未至，又道用之，於是惡其視百姓之命若草木，不仁之甚也。

是也。若夫彊取邑者無義，則書圍以罪之。隱五年書曰宋人伐鄭，圍長葛。傳曰：
邑不言圍，此其言圍何？彊也。

解詁云：
至邑雖圍當言伐；惡其彊而無義也，必欲爲得邑，故如其意言圍也。

是也。乘危者無義，則書國以夷狄之。僖三十三年書曰夏四月辛巳，晉人及姜戎敗秦于殽。傳曰：

其謂之秦何？夷狄之也。

是也。伐喪者無禮，則或諱以刺之。襄二年書曰：六月庚辰，鄭伯睔卒。書卒而不書葬，解詁云：

不書葬者，諱伐喪。

是也。或夷狄以疾之。成三年書曰：鄭伐許。解詁云：

謂之鄭者，惡鄭襄公與楚同心，數侵伐諸夏。

自此之後，中國盟會無已，兵革數起，夷狄比周爲黨，故夷狄之。

是也。行義而爲利者無信，則或諱以恥之。宣四年書曰：春王正月，公及齊侯平莒及郯，莒人不肯，公伐莒取向。傳曰：

此乎諾也，其言不肯何？辭取向也。

解詁云：

為公取向作辭也。恥行義者為利，故諱使若

諾不肯。

是也。或曰以惡之。宣十一年書曰：丁亥，楚子入陳。解

詁云：

曰若惡莊王討賊之後，欲利其國。

是也。恃力而不以德者不智。則或書圍以非之。成三

年書曰：秋，叔孫僑如率師圍棘。傳曰：

其言圍何？不聽也。

解詁云：

不聽者叛也。不言叛者，爲內諱，故書圍以起之。不先以文德來之，而便以兵圍之，當與圍外邑同罪，故言圍也。

是也。或書取以貶之。昭元年書曰：三月取運。傳曰：其言取之何？不聽也。

解詁云：不聽者叛也。不言叛者，爲內諱。故書取以起之。不先以文德來之，而便以兵取之，當與外取邑同罪，故書取。

是也。欲救而不救者不勇，則刺之。襄元年書曰：仲孫蔑會齊崔杼曹人邾婁人杞人次于合。解詁云：

刺欲救宋而後不能也。

是也。詐戰者無恥，則疾之。哀九年書曰：宋皇瑗帥師取鄭師于雍丘。傳曰：

其言取之何？易也。其易奈何？詐之也。

解詁云：

詐謂陷阱奇伏之類。兵者爲征不義，不爲苟勝而已。

是也。

由以上觀之，則公羊家說春秋弭兵非戰，其皆豈不甚善哉！又宣十一年邲之戰，楚莊王欲舍鄭，而晉欲敗之。公羊家以爲楚有可貴之美，而晉無善善之心，故春秋書曰：夏六月乙卯晉荀林父帥師及楚子戰于邲，晉師敗績，傳釋之曰：

大夫不敵君，此其稱名氏以敵楚子何？不與晉而與楚子爲禮也。

解詁云：

晉見莊王行義於陳，功立威行，嫉妬欲敗之，救鄭雖解，猶擊之不止，爲其欲壞楚之善行，以求上人，故奪不使與楚成禮，而序林父於上，罪起其事。

春秋繁露言之尤切，竹林篇云：

言及者，以臣及君，不嫌晉直明晉汲汲欲敗楚爾。

春秋之常辭也，不予夷狄而予中國爲禮，至

邲之戰，偏然反之。何也？曰：春秋無通辭，從變而移。今晉變而爲夷狄，楚變而爲君子，故移其辭以從其事。夫莊王之舍，有可貴之美，晉人不知善而欲擊之，所救已解，如（如通而）挑與之戰，此無善善之心，而輕救民之意。是以賤而使不得與賢者爲禮。

此以晉爲破壞和平而罪之也。又宣十四年宋楚之平，出於子反犯輕君不臣之大失，而公羊家以爲有慘怛之恩，不忍一國之死，故春秋書曰：夏五月，宋人及楚人平，傳釋之曰：

外平不書，此何以書？大其平乎已也。

解詁云：

已，二大夫也。

此蓋謂出於二大夫愛民之情，非迫於外也。春秋繁露竹林篇云：

司馬子反爲其君使，廢君命，與敵情，從其請，與宋平，是內專政而外擅名也。專政則輕君，擅名則不臣，而春秋大之，奚由哉？曰：爲其有慘怛之恩，不忍餓死一國之民，使之相食。推恩者遠之而大，爲仁者自然而美。今子反出己之心，矜宋之民，無計其間，故大之也。

此以子反爲促成和平而善之也。

然則公羊家愛和平，惡攻伐之學說，雖墨子之

非攻，曷以加茲？然公羊雖非攻，而亦未嘗不重守備，

宣十八年書邾婁人戕鄫子于鄫，解詁云：

支解節斷之，故變殺言戕。戕則殘賊，惡無道

也。言于鄫者，刺鄫無守備。

蓋雖惡邾婁之無道，而亦刺鄫子之無備，其注重守

備又與墨子同矣。

公羊家哲學

崇讓說

哀十四年傳云：

君子曷爲爲春秋？撥亂世，反諸正，莫近于春秋。則未知其爲是與？其諸君子樂道堯舜之道與？末不亦樂乎堯舜之知君子也！制春秋之義以俟後聖，以君子之爲，亦有樂乎此也

孔廣森釋之云：

此言君子豈不樂當世有聖帝如堯舜者，知君子而用之也，既不可得，退修春秋以俟後世聖王復起，推明春秋之義，以治天下，則亦君子之所

樂也。

然則公羊家之意，蓋以孔子之作春秋爲欲以堯舜之道，以撥亂反正也。夫堯舜之道奈何？曰其爲道雖多而最要者殆莫如讓。孔子之所以常稱美堯舜者，亦以此。其贊堯曰：「大哉！堯之爲君也！巍巍乎！唯天爲大，唯堯則之！蕩蕩乎！民無能名焉」此亦蓋贊堯之「爲而不恃，長而不宰」，其德如天也。而論語之終記云：

堯曰：咨！爾舜！天之曆數在爾躬，四海困窮，天祿永終。舜亦以命禹。余小子履，敢用玄牡，敢昭告于皇皇后帝，有罪不敢赦。萬方有罪，罪在朕躬；朕躬有罪，無以爾萬方。

然班固藝文志云：論語者孔子應答弟子時人，及弟子相與言，而接聞於夫子之語也。然則論語之記堯曰云云，固非其體所宜有者。故柳宗元論語辨下篇，設爲問答之辭曰：

或問之曰：論語書記問對之辭爾。今卒篇之首，章然有是，何也？柳先生曰：論語之大，莫大乎是也。是乃孔子常常諷道之辭云爾。彼孔子者覆生人之器者也。上之堯舜之不遭而禪不及己，下之無湯之勢，而己不得爲天吏，生人無以澤其德，日視聞其勞死怨呼而己之德涸焉無所依而施，故於常常諷道云爾而止也。此聖人之大志也。無容問對於其間。弟子或知之，或疑之，不能明，相與傳之，故於其爲書也，卒篇之首，嚴而立之。

柳氏此言似是矣，而未盡也。予意前節是孔子美堯舜之讓，下節則革命之大義，崇讓與革命，皆孔子所最重，故常誦其言，而弟子記之也。孔子曰：『能以禮讓爲國乎，何有？』其崇讓如此。蓋大有取于堯舜者。故孔子刪書斷自唐虞。堯典一篇，首贊堯曰：「允恭克讓。」自是以後，一篇大恉，莫非一讓字。近人以堯典爲儒家所作，審如是，則孔子之崇讓益顯，而公羊家說春秋極力發揮崇讓之義，爲不失孔子大悟也。

今世盛稱天演競爭之說，學者一聞及讓字，幾何其不笑爲迂闊乎？然一爭一讓，誠當別論。今試就一國之人而論之，倘人人崇讓，則其極也，可以路不拾遺；人人好爭，則其極也，父子兄弟亦不能相容，而出於相殺，則其得有不足以償其失者矣。此其理豈不至易明乎？惟衆人爲物欲所蔽，故知進而不退，知得而不喪，故終不免於相爭相殺，欲遂其小利，而不免乎大害。至聖人則不然，不爲外物所惑，能灼知利害之辨，知有得之於此，而於彼有不勝其失者；有喪之於今，而於後有大乎此之得者：故禮讓之事與焉此非專爲私人利害計也，爲衆羣之利害，亦不能不出乎此。此古之言羣治者，所以多貴乎讓德也。公羊家之說春秋，蓋深有見乎此矣。今將其大指分別論之：

（一）賢隱公之讓。　春秋於隱元年書曰：元年春王正月。不書公卽位。傳曰：

公何以不言卽位？成公意也。何成乎公之意？公將平國而反之桓。桓幼而貴，隱長而卑，其爲尊卑也微，國人莫知。隱長又賢，諸大夫扳隱而立之，隱於是焉而辭立，則未知桓之將必得立也。且如桓立，則恐諸大夫之不能相幼君也。故凡隱之立，爲桓立也。

是隱公讓國之心，固甚委曲也。其後桓公竟聽姦人之言而弑之，左傳記其事曰：

羽父請殺桓公，將以求大宰。公曰：爲其少故也。吾將授之矣，使營菟裘，吾將老焉。羽父懼，反譖公于桓而請弑之。

則桓之負隱也甚矣。公羊家以爲隱有讓之美，而桓有爭之惡。故於隱則美之甚，而於桓則惡之無不至。故隱之讓雖未能成，而春秋則常欲成之。其說凡四見：

一，隱元年，春王正月。傳曰：公何以不言即位？成公意也。何言乎公之意？公將平國而反之桓。
二，隱元年，秋七月天王使宰咺來歸惠公仲子之賵。　傳曰：仲子者何？桓之母也。何以不稱夫人？桓未君也。桓未君，則諸侯曷爲來賵之？隱爲桓立，故以桓母之喪告于諸侯。然則何言爾？成公意也。
三，隱二年，十有二月乙卯夫人子氏薨。　傳曰：夫人子氏者何？隱公之母也。何以不書葬？成公意也。何成乎公之意？子將不終爲君，故母亦不終爲夫人也。
四，隱五年，九月考仲子之宮。　傳曰：考宮者何？考猶入室也。始祭仲子也。桓未君，則曷爲祭仲子。隱爲桓立，故爲桓祭其母也。然則何言爾？成公意也。

其對隱之讓，可謂低徊不忍舍者矣。夫既成𥌓之意以見其讓之善，則當成桓之意以見其爭之惡。故桓元年書公卽位，傳云：如其意也，由是終隱之篇貶翬，所以惡桓也。

隱十年，夏翬帥師會齊人鄭人伐宋。傳曰：此公子翬也，何以不稱公子？貶。何爲貶？隱之罪人也。故終隱之篇貶也。

凡桓之會皆月，亦所以惡桓也。

桓元年，三月，公會鄭伯于垂。　解詁云：桓公會皆月者，危之也。桓弒賢君，篡慈兄，由是隱雖遠而猶諱。

桓二年，三月，公會齊侯、陳侯、鄭伯于稷，以成宋亂。　傳曰：內大惡諱，此其目之何？遠也。隱亦遠矣，曷爲爲隱諱？隱賢而桓賤也。

桓雖信而猶危。

桓二年，冬，公至唐。　解詁云：君子疾賢者失其所，不肖者反以親榮，故與隱相違也。明前隱與戎盟，雖不信，猶可安也；今桓與戎盟，雖信，猶可危也。所以深抑小人也。

朝隱則褒以爲親王化。

隱元年，三月公及邾婁儀父盟于眛。傳曰：何以名？字也。曷爲稱字？褒之也。曷爲褒之？爲其與公盟也。此其爲可褒奈何？漸進也。解詁云：譬如隱受命爲王，諸侯有始倡先歸之者，當進而封之，以率其後。

朝桓則貶以爲親夷狄。

桓十五年邾婁人牟人葛人來朝。傳曰：何以稱人？夷狄之也。解詁云：桓公行惡而三人俱朝事之，衆足責，故夷狄之。

其於隱桓貴賤之別如此，其美讓惡爭之義可謂嚴矣。

(二)賢衛叔武之讓。衛侯之讓，亦頗與隱類。僖二十八年經書曰：晉人執衛侯歸之于京師。傳曰：歸之于者何？歸于者何？歸之于者罪已定矣。歸于者罪未定也。衛侯之罪何？殺叔武也。何以不書？爲叔武諱也。春秋爲賢者諱。何賢乎叔武？讓國也。其讓國奈何？文公逐衛侯而立叔武；叔武辭立，而他人立，則恐衛侯之不得反也，故於是己立，然後爲踐土之會，治反衛侯。衛侯得反，曰：叔武篡我，元咺爭之，曰：叔武無罪，終殺叔武。

叔武與衛侯善惡之判如此。而左氏傳載甯武

子之盟曰：不有居者，誰守社稷？不有行者，誰扞牧圉？夫叔武之居以守社稷則信矣；衞侯之行，乃衞侯之自取辱耳，扞牧圉云乎？特辭令而已。故公羊家說春秋以爲孔子深惡衞侯，而深美叔武，故大書特書曰：晉人執衞侯，而叔武不書殺；所以著衞侯之罪當執，而叔武之殺爲不忍言也。

（三）賢吳季子之讓。　季子之讓，見於襄二十九年傳，

謁也，餘祭也，夷昧也，與季子同母者四，季子弱而才，兄弟皆愛之，同欲立之以爲君，謁曰：今若是迮而與季子國，季子猶不受也。請無與子而與

弟，弟兄迭爲君，而致國乎季子皆曰：諾。故諸爲君者，皆輕死爲勇，飲食必祝，曰：天苟有吳國，尚速有悔於予身。故謁也死，餘祭也立；餘祭也死，夷昧也立；夷昧也死，則國宜之季子者也。季子使而亡焉。僚者長庶也，即之。季子使而反，至而君之爾。闔廬曰：先君之所以不與子國而與弟者，凡爲季子故也。將從先君之命與？則國宜之季子者也。如不從先君之命與？則我宜立者也。僚惡得爲君乎？於是使專諸刺僚，而致國乎季子。季子不受，曰：爾弒吾君，吾受爾國，是吾與爾爲篡也。爾殺吾兄，吾又殺爾，是父子兄弟相殺，終身無已也。去之延陵，終身不入吳國。故君子以其不受爲義，以其不殺爲仁。
旣賢季子之讓，因而推及其父，襄十二年秋九月，吳子乘卒，解詁云：

賢季子因始卒其父。

斯可謂善善也長矣。由是吳無君，無大夫，而以爲有君，有大夫。襄二十九年，吳子使札來聘，傳曰：

吳無君，無大夫，此何以有君，有大夫？賢季子也。賢季子則吳何以有君有大夫？以季子爲臣，則宜有君也。

闔廬弒君，而亦爲季子諱，不書其名，昭二十七年，夏四月，吳弒其君僚，解詁云：

不書闔廬弑其君者，爲季子諱，明季子不忍父子兄弟自相殺，讓國闔廬，欲其享之，故爲沒其罪也。

其對於季子之讓，可謂曲意成全之矣。

（四）賢公子喜時之讓。昭二十年經書曰：夏曹公孫會自鄸出奔宋。傳曰：

奔未有言自者，此其言自何？畔也。畔則曷爲不言畔？爲公子喜時之後諱也。春秋爲賢者諱。何賢乎公子喜時？讓國也。其讓國奈何？曹伯廬卒于師，則未知公子喜時從與？公子負芻從與？或爲主于國；或爲主于師。公子喜時見公子負芻之當主也，逡巡而退。賢公子喜時，則曷爲爲會諱？君子之善善也長，惡惡也短。惡惡止乎其身，善善及子孫。賢者子孫，故君子爲之諱也。

此以公子喜時之讓，而諱及其子孫之畔；亦賢季子而卒，及其父之比矣。

（五）賢叔術之讓。　昭三十一年，經書云：冬，黑弓以濫來奔。傳曰：

文何以無邾婁？通濫也。曷爲通濫？賢者子孫，宜有地也。賢者孰謂？謂叔術也。何賢乎叔術？讓國也。其讓國奈何？當邾婁顏之時，邾婁有爲魯夫人者，則未知其爲武公與？懿公與？孝公幼，顏淫九公子于宮中，因以納賊，則未知其爲魯公子與？邾婁公子與？臧氏之母，養公者也。君幼則宜有養者，大夫之妾，士之妻。則未知臧氏之母者，曷爲者也？養公者，必以其子入養。臧氏之母，聞有賊，以其子易公，抱公以逃；賊至，湊公寢而弒之。臣有鮑廣父與梁買者，聞有賊，趨而至。臧氏之母曰：公不死也，在是。吾以吾子易公矣。於是負孝公之周訴天子，天子爲之誅顏而立叔術，反孝公于魯。顏夫人者，嫗盈女也，國色也。其言曰：有能爲我殺殺顏者，吾爲其妻。叔術爲之殺殺顏者，而以爲妻，有子焉，謂之盱。夏父者，其所爲有於顏者也。盱幼而愛之，食必坐二子于其側而食之，有珍怪之食，盱必先取足焉。夏父曰：以來，人未足而盱有餘，叔術覺焉，曰：嘻，此誠爾國也夫！起而致國于夏父。夏父受而中分之，叔術曰：不可。三分之，叔術曰：不可。四分之，叔術曰：不可。五分之，然後受之。

觀此則叔術之事，本至不足道，然而公羊家以其明讓德之故，而謂春秋書法有褒焉。書以濫來奔，所著賢者之有後也。

觀以上五者，公羊家之說春秋，其崇讓之意，可謂無所不至；而其勸讓之心，亦可謂深切著明矣。孔廣森云：

春秋撥亂之教，以讓爲首。君興讓則息兵；臣興讓則息貪；庶民興讓則息訟。故天下莫不亂於爭，而治於讓。

孔氏此言，可謂深知公羊家之大義者矣。孔子删書，斷自唐虞，重其讓也。然則謂春秋爲本堯舜之志而作，似亦無不可者。

公羊家哲學

攘夷說

吾國自古聖人，其對於未開化之民族，所謂夷狄者，大氐不出乎二涂：一曰化之，二曰攘之，是也。尚書堯典言：「堯舜流共工于幽州，放驩兜于崇山，竄三苗于三危，殛鯀于羽山。」史記五帝本紀易爲「流共工於幽陵，以變北狄；放驩兜於崇山，以變南蠻；遷三苗於三危，以變西戎，殛鯀於羽山，以變東夷。」正義釋之曰：「言四凶流四裔，各於四夷放共工等爲中國之風俗也。」其說得之。此化之之道也。堯典又曰：「蠻夷猾夏，寇賊姦宄。汝作士，五刑有服，五服三就，五流有宅，五宅三居，惟明克允。』此明刑以制猾夏之蠻夷，卽攘夷之道也。化之所以使文化之日張，樂與人爲善之義也。攘之所以使其不能爲我害，自存之道也。春秋之於夷狄，据公羊家言；則其大義亦猶是耳。由是夷狄而能慕中國者，則進之。僖二十九年經書曰：介葛盧來。解詁云：

介者國也。葛盧，名也。進稱名者，能慕中國，朝賢君，明當扶勉以禮義。

然介葛盧本夷狄，進而稱名者，所以褒向化也。反是夷狄而侵中國，有能攘之者，則褒之。僖四年經書曰：楚屈完來盟于師，盟于召陵。傳云：

師在召陵，則曷爲再言盟？喜服楚也。何言乎喜服楚？楚有王者則後服，無王者則先叛。夷狄也而亟病中國，南夷與北狄交，中國不絕如綫。桓公救中國，而攘夷狄，卒怗荊。以此爲王者之事也。其言來何？與桓爲主也。前此者有事矣，後此者有事矣，則曷爲獨於此焉與桓爲主，序績也。

然則此師本在召陵，而再言盟者，所以喜桓公之服楚也。此本會也，而言來者，以桓公爲主，所以序桓公攘夷之績也。故凡桓公與戎戰，則諱戰言伐。莊三十年經書曰：齊人伐山戎。傳曰：

其稱人何？貶。曷爲貶？子司馬子曰：蓋以操之

爲已蹙矣。此蓋戰也，何以不言戰？春秋敵者言戰，

桓公之與戎狄，驅之爾。

然此好武功而不修文德，已貶而稱人矣，而猶諱言

伐者，不與夷狄之敵桓公也。由是凡爲夷狄所滅，而

桓公不能救者，則諱之。僖元年經書曰：齊師宋師曹

師次于聶北，救邢。傳云：

救不言次，此言次何？不及事也。不及事者何？

邢已亡矣。孰亡之？蓋狄滅之。

然則此邢已滅，而猶曰救者，爲桓公諱也。僖二年經

書曰：城楚丘。傳云：

孰城？城衞也。曷爲不言城衞？衞滅也。孰滅之？

蓋狄滅之。曷爲不言狄滅之爲桓公諱也。

然則狄已滅之，而仍不言狄滅之者，所以爲桓公諱也。爲桓公諱，所以成桓公攘夷之美也。凡夷狄而侵中國者，則貶不稱人。僖二十一年經書曰狄侵衞解詁云：

貶狄者，爲犯中國諱。

是也。由是有夷狄之行者，則夷狄之。僖三十三年經書曰：晉人及姜戎敗秦于殽。傳云：

其謂之秦何？夷狄之也。

蓋稱秦而不稱師，與人者，秦之襲鄭，夷狄之行也。文十年經書曰秦伐晉，解詁云：

謂之秦者，起令狐之戰，敵均不敗，晉先眛以師奔秦，可以足矣，而猶不知止，故夷狄之。

此亦稱秦而不稱人者，亦夷狄之也。宣十二年經書曰：晉荀林父帥師及楚子戰于邲，晉師敗績。傳云：大夫不敵君，此其稱名氏以敵楚子何？不與晉而與楚子爲禮也。

董子春秋繁露竹林篇云：夫莊王之舍鄭，有可貴之美；晉人不知其善，而欲擊之，所救已解，如挑與之戰，此無善善之心，而輕救民之意也。是以賤之。

如通而如

然則稱大夫名氏以敵楚子，所以惡晉有夷狄之行也。然夷狄而有夷狄之行者，則春秋不譏。昭十六年經書曰楚子誘戎曼子殺之。傳云：

何以不名？夷狄相誘，君子不疾也。若不疾，乃疾之也。

此夷狄相誘而不稱名以譏者，蓋以爲不足譏而賤之，如禽獸矣。

夫夷狄者至賤之名也。使人人皆知夷狄之當賤，則知夷狄之當攘矣。人人皆知夷狄之當攘，則夷狄之侵略中國者，終不得逞矣。故春秋之要，在乎明內外之辨；嚴夷夏之防，一篇之中，三致意焉。成十五年經書曰叔孫僑如會晉士燮齊高無咎宋華元衛孫林父鄭公子鰌邾婁人會吳于鍾離傳云：

曷爲殊會吳？外吳也。春秋內其國而外諸夏，內諸夏而外夷狄。

此其發明春秋之大義，可謂昭著矣。是故昭二十三年經書曰：吳敗頓胡沈蔡陳許之師于雞父，胡子髡沈子盈滅，獲陳夏齧。傳云：

此偏戰也，曷爲以詐戰之辭言之？不與夷狄之主中國也。

此吳主中國也。諱偏戰爲詐戰者，不與夷狄之主中國也。又哀十三年經書曰：公會晉侯及吳子于黃池。傳云：

吳何以稱子？主會也。曷爲先言晉侯？不與夷狄之主中國也。

此亦吳主中國，不先吳而先晉侯者，亦不與夷狄之主中國也。公羊家發明春秋之大義，豈不凜然哉？

是故以中國而爲夷狄所淩，則或張大以恥之，或諱以恥之。隱七年經書曰：天王使凡伯來聘。戎伐凡伯于楚丘傳云：

此聘也，其言伐之何？執之也。執之則其言伐之何？大之也。曷爲大之？不與夷狄之執中國也。

此本執而謂之伐，蓋張大之辭也。莊十年經書曰：荊敗蔡師于莘，以蔡侯獻舞歸傳云：

蔡侯獻舞何以名？絕。曷爲絕之？獲也。曷爲不

言獲？不與夷狄之獲中國也。

此本獲蔡侯而文不言獲，蓋深諱之之辭也。僖二十

一年，經書曰：宋公楚子陳侯蔡侯鄭伯許男曹伯會

于霍。執宋公以伐宋。傳云：

孰執之？楚子執之。曷爲不言楚子執之？不與

夷狄之執中國也。

此執宋公者楚子也。而不言楚子執之者，亦深諱之

之辭也。蓋大之者，大夷狄之惡著中國之恥，若曰不

可忘之恥也。諱之者，所以大夷狄之惡，著中國之恥，

若曰，此不忍言之恥也。此公羊家發明春秋之微言

大義。孟子曰：「禹抑洪水而天下平；周公兼夷狄，驅猛獸而百姓寧；孔子成春秋，而亂臣賊子懼。詩曰：戎狄是膺，荊舒是懲，則莫我敢承。無父無君，是周公所膺也。」夫孟子以周公兼夷狄與驅猛獸同言，則夷狄之賤可知矣。以周公之兼夷狄，與禹之抑洪水同言，則周公攘夷之功可知矣。以孔子成春秋，與周公之兼夷狄同言，則春秋攘夷之義，又可知矣。嗚呼！前乎春秋者，夷狄之禍烈矣，而卒不得逞，則古聖賢攘夷之義行也；後乎春秋者，夷狄之禍亦烈矣，而中國卒能光復舊物者，春秋攘夷之義行也。而其間每一異族入主中夏，浸假而爲中夏所化，至今而能成爲五大族之共和國者，則又中夏先聖文德之宏，所謂化之之道甚普也。蓋中國之於異族，豈固爲夷狄之哉？亦以其無禮義而已。孟子曰：吾聞用夏變夷，未聞變於夷，何邵公公羊解詁云：中國者禮義之國也，君子不使無禮義治禮義，其說卓矣。

公羊家哲學

疾亡說

春秋疾滅人之國，然亦最疾人之自亡其國。蓋以强淩弱，以衆暴寡，不仁之甚，固春秋之所譏，而不善爲政，自招敗亡，自暴自棄，害己害民，尤非仁者之爲也。故春秋尤疾之。於何見之？於梁亡見之矣。僖十九年經書曰：梁亡。傳云：

此未有伐者，其言梁亡何？自亡也。其自亡奈何？魚爛而亡也。

此傳發明春秋疾亡之旨也。不書伐而言亡，此所以見其爲自亡，而非他人所得而亡矣。夫亡國亦多矣。

而獨於此著其爲自亡者何？春秋繁露王道篇釋之曰：

梁內役其民無已，其民不能堪，使民比地爲伍，一家亡，五家殺，刑其民曰：先亡者封，後亡者刑，君者將使民以孝于父母，順于長老，守丘墓，承宗廟，世世祀其先。今求財如不足，行罰如將不勝，殺戮如屠仇讎，其民魚爛而亡，國中盡空。春秋曰梁亡。梁亡者，自亡也。非人亡之也。

此可見不仁於民，未有不亡，而亦未有非己有以自亡之者也。

且梁之亡其易見者爾。春秋之疾，其尤顯著者爾。若夫曹之士也不士於士之日，而士於數世之先。春秋之疾，亦在數世之前，莊二十三年經書曰：冬十有一月曹伯射姑卒孔廣森釋之云：

射姑以後，遂月卒時葬，蓋貶之也。春秋雖士國數十，卒以弱小不能自存。唯曹列於成國，而當春秋之中，先見覆滅。傳曰：國於天地，有與立焉，不數世淫，弗能斃也。曹其是矣。莊公有不子之惡，其嗣僖公不用忠臣之戒，死於寇戎。昭公繼之，好奢而任小人，蜉蝣之刺始作。共公繼之，數侵取地，乘軒者三百人。其後負芻又最著有惡行。故春秋一切略其卒葬。言乎曹之君臣，世濟其無道，以至於士也。所以深惡曹而爲有國者戒也。

此孔氏發明春秋疾亡之恉，所謂「善不積不足以成名，惡不積不足以滅身」，此言雖小，可以喻大也。

雖然，此皆自棄而自亡者爾。故春秋於其亡者猶以滅亡予之，以見其猶有可閔惜者也。若夫貪人之財，樂人之禍，不知自備而卒以滅亡者，春秋之疾之也尤深。僖二年經書曰：虞師晉師滅夏陽。傳云：

虞，微國也，曷爲序乎大國之上？使虞首惡也。

曷爲使虞首惡？虞受賂，假滅國者道，以取亡焉。

此公羊傳發明春秋疾虞貪人之財，樂人之禍，可謂著矣。至僖五年復書曰：冬，晉人執虞公。傳云：

虞已滅矣，其言執之何？不與滅也。滅者，亡國之善辭，滅者上下同力者也。

此公羊傳發明春秋疾滅之深，可謂痛矣。夫國已滅矣，言滅則已悲矣，而曰不與滅。滅之一字，尚不足以當之，其疾而賤之也，豈不甚哉？

然而公羊家說春秋所以疾之如此甚者何也？蓋疾其不能自立也。疾滅人之國者，疾不愛人也。疾自亡者，疾不自愛也。不愛人者侵人；不自愛者使人侵己；皆引起戰爭之導線，而破壞和平之罪人也。故君子於此兩無恕焉。

珍倣宋版印

公羊家哲學

尙恥說

孟子曰：『羞惡之心，人皆有之；是非之心，人皆有之。』夫有羞惡，有是非，此人之所以有恥也。人而無恥，是無羞惡，無是非矣。尚得謂之人乎？故曰：『不可以無恥，無恥之恥，無恥矣。』且人之大恥，孰有大於國土親辱者？無人無國，何以存？人無親，何以生？故國與身，一體也；親與身，一體也。不以國之恥爲恥，不以親之恥爲恥，是身無恥也。無恥者曰多，是率天下而爲非人也。公羊家有見於此，故發明春秋大復讎之義，最爲深切。春秋之義，滅國者賊，然莊四年齊襄滅紀，春秋大書特書曰：紀侯大去其國。傳云：

大去者何？滅也。孰滅之？齊滅之。曷爲不言齊

滅之？爲襄公諱也。春秋爲賢者諱。何賢乎襄公？復

讎也。

又云：

九世猶可以復讎乎？雖百世可也。國君一體

也，先君之恥，猶今君之恥也；今君之恥，猶先君之

恥也。

此可謂深得君子以國與身，親與身爲一體之義者

矣。國與身一體，此古之君子所以教忠也。親與身一

體，此古之君子所以教孝也。忠孝則國與親之讎猶

已之讎也，可以遠而不復乎？而吾師唐蔚之先生則頗譏其過激，其十三經提綱云：

公羊家復仇之說，後世多稱引之。考莊四年紀侯大去其國，傳云：大去者何？滅也。齊哀公亨乎周，紀侯譖之，襄公為於此焉者，事祖禰之心盡矣。遠祖者幾世乎？九世矣。九世猶可以復讎乎？雖百世可也。先君之恥，猶今君之恥也。又曰：紀侯之不誅，猶無明天子也，上無天子，下無方伯，緣恩疾者可也。夫謂先君之恥，即今君之恥，此大義也。然謂復讎而可以及於百世，其言失之過激矣。齊襄公時，周上有天子，未聞襄公有一言之憤訴其於諸侯亦未嘗明宣紀侯之罪，乃遽謂「上無天子，緣恩疾者可也。」其語更失之過激矣。爲人臣而皆自爲，其弊何所底止？蘇東坡所謂「其父殺人報仇，其子必且行劫。」儒者立言，平則致天下之和，激則致天下之禍，而世風且因之移易焉，可不懼哉？斯言亦自至當不可易。然吾謂先生之言，宜於救競爭激烈之世；公羊之言，宜於救柔懦無恥之俗。所感者異，所以救之者亦異也。若春秋之大齊襄復讎，其殆深疾魯莊之無恥與？其先君桓公被誘殺於齊，春秋深恥之，諱之曰薨。何休解詁云：不書齊誘殺公者，深諱恥也。而莊公之立，僅四年耳，遂與讎狩，此非所謂無恥之恥者乎？故春秋先大齊襄之復讎，以起魯莊之無恥；先書曰「紀侯大去其國」遂繼卽書之曰「公及齊人狩于郜」。諱齊侯爲齊人，其深恥之之意乃微而顯矣。昔魯公伯禽執政，周公歎曰：魯後世其北面事齊矣。蓋魯之柔懦不振，至春秋時而甚，殆馴至於無恥矣。故公羊家說春秋大復讎之義，當亦孔子之意，蓋處境使之然也。且公羊之說，亦至有界焉。蓋以謂國則可讎，家則不可讎也。春秋之時，所謂異國者，譬猶今東西各國，此不過妄爲譬耳。其實甚多不同之處也。卽春秋各國有共主，亦其大不同之一端。然當時之共主，亦已失統治之權。故公羊屢言上無天子矣。春秋假齊紀之事以見義，以教後世之人，無忘國恥者也。若個人之讎，則有國家之司法在，又不可與此論。故曰：「家則不可。」雖然，倘訴諸法而無效，則復讎焉，或因此而陷於刑戮，君子雖不能救，亦未嘗不壯其烈也。此俠客所以見稱於太史公歟？

孟子曰：『道二，仁與不仁也。』引而申之，亦可謂道二，是與不是也。甲與乙相反，甲是則乙不是；乙是則甲不是。此天下之常理也。然齊滅紀，春秋書曰：紀侯大去其國。而公羊家說者，以謂大齊襄之復讎，亦以賢紀侯之死國。此何說也？曰：此可以見公羊家之苦心孤詣矣。蓋公羊家之所貴，最貴乎人之有恥，齊襄之復讎，齊襄恥先君之恥也。恥先君之恥，是孝也。紀侯之死國，是紀侯恥國之恥也，恥國之恥，是忠也。一忠一孝，又安得而不俱賢之？孟子曰：「死亦我所惡，所惡所甚於死者。」此公羊家賢紀侯之義也。

春秋繁露玉英篇言紀侯死事云：

何賢乎紀侯？曰：齊將復讎，紀侯自知力不加而志距之。故謂其弟曰：「我宗廟之主，不可以不死也。汝以酅往服罪于齊，請以立五廟，使我先君歲時有所依歸。」率一國之旅，以衛九世之主，襄公逐之不去，求之弗予，上下同心而俱死之，故為之大去。春秋賢死義，且得衆心也，故為諱滅，見其賢也。

然則公羊家之賢紀侯，亦自有其可賢者也。
　　復次，公羊家說春秋，最貴恥，反之，則春秋最惡無恥。成二年鞌之戰，逢丑父殺身以生齊君，傳云：
　　師還齊侯，晉郤克投戟逡巡再拜稽首馬前。逢丑父者，頃公之車右也，面目與頃公相似，衣服與頃公相似，代頃公當左，使頃公取飲。頃公操飲而至，曰：「革取清者。」頃公用是佚而不反。逢丑父曰：「吾賴社稷之神靈，吾君已免矣。」郤克曰：欺三軍者其法奈何？曰：「法斮。」於於斮逢丑父。
然則丑父可不謂難能可貴者乎？然公羊家之說春秋，不以爲可貴者，以陷君於無恥也。君之於國也，國存，存焉；國士，士焉；是其大義也。今逢丑父則不然，不特不能匡頃公之敗，而使之受辱以生，率是道也，是使天下之人所欲無甚於生，所惡無甚於死也。將何爲而不可？孟子曰：「生，我所欲也；所欲有甚於生者。」此公羊家所以譏丑父之生其君之義也。春秋繁露竹林篇論逢丑父事云：

逢丑父殺其身以生其君，何以不得爲知權？丑父欺晉，祭仲許宋，俱枉正以存其君。然丑父之所爲，難於祭仲；祭仲見賢，而丑父見非，何也？曰：是非難別者在此。此其嫌疑相似，而不同理者，不可不察。夫去位而避兄弟者，君子所甚貴；獲虜逃遯者，君子所甚賤。祭仲措其君於人所甚貴，以生其君，故春秋以爲知權而賢之；丑父措其君於人所甚賤，以生其君，春秋以爲不知權而簡之。其俱枉正以存君相似也；其使君榮之與使君辱不同理。故凡人之有爲也，前枉而後義者，謂之中權，雖不能成，春秋賢之，魯隱公鄭祭仲是也。前正而後有枉者，謂之邪道，雖成之，春秋弗愛，齊頃公逄丑父是也。夫冒大辱以生，其情無樂，故賢人不爲也；而衆人疑焉，故春秋以爲人之不知義而疑也，故示之以義，曰：國滅，君死之，正也。（襄六年齊侯滅萊）丑父欺三軍，爲大辱於晉，其免頃公，爲辱宗廟于齊，是以雖難，而春秋不愛丑父大義，宜言于頃公曰，君僈侮而怒諸侯，是失禮大矣；今被大辱而不能死，是無恥也；而獲重罪，請俱死，無辱宗廟，無羞社稷。如此則雖陷其身，尚有廉名。當此之時，死賢於生。故君子生以辱，不如死以榮，正是之謂也。

此公羊家賤丑父之無恥，可謂甚矣。

復次，公羊家不特以恥爲恥也。凡善之可爲，而不爲者，皆恥也。僖元年狄滅邢，而春秋書曰：齊師宋師曹師次于聶北，救邢。實滅而不書滅，實不及救而書救者，傳云：

爲桓公諱也。上無天子，下無方伯，天下諸侯有相滅亡者，桓公不能救，則桓公恥之。
蓋春秋假桓公之恥不能救，以見不能救之爲桓公恥也。由是不書狄滅衞，而書曰城楚丘。僖二年春王正月城楚丘，傳云：

孰城？城衞也。曷爲不言城衞？滅也。孰滅之？蓋狄滅之。曷爲不言狄滅之？爲桓公諱也。曷爲爲桓公諱？上無天子，下無方伯，天下諸侯有相滅亡者，桓公不能救，則桓公恥之。然則孰城之？桓公城之。

不書滅杞而書曰城緣陵。僖十四年春諸侯城緣陵。傳云：

孰城之？城杞也。曷爲城杞？滅也。孰滅之？蓋徐莒脅之。曷爲不言徐莒脅之？爲桓公諱也。曷爲爲桓公諱？上無天子，下無方伯，天下諸侯有相滅亡者，桓公不能救，則桓公恥之。然則孰城之？桓公城之。

凡此云云，皆發明春秋著明桓公之恥者也。傳曰：「爲桓諱也。」兹諱也，乃所以爲恥歟？孔子曰：「知恥近乎勇。」又曰：「見義不爲，無勇。」是公羊家說春秋爲桓公諱之義也。

公羊家哲學

進化說

人之所以能爲萬物之靈者，以其進化不已也。由萬物之進化而有人與物之分。由人類之進化而有文與野之別。進化則優而勝，不進則劣而敗，此自然之勢也。是故人既進化而爲人，則當常循其進化之程度以進，而後可以圖存。然進化云者，豈第物質云爾哉？其要尤在乎道德。向使道德不振，而徒矜於物質，則物質之用，適足以殺人。姑勿論器械愈精，則殺人愈多；即一切之物，莫不足以使人者之愈篤，而爭之也愈烈。其與人羣進化之幸福，不亦大相背馳乎？是故公羊家說春秋有三世之義，於愈進化之世，則其責於道德也愈嚴。隱元年春秋書曰公子益師卒。傳云：

何以不日？遠也。所見異辭，所聞異辭，所傳聞異辭。

何休解詁云：

於所傳聞之世，見治起於衰亂之中，用心尚麤觕，故內其國而外諸夏；先詳內而後治外；錄大略小，內小惡書，外小惡不書；大國有大夫，小國略稱人；內離會書，外離會不書；是也。於所聞之世，見治升平，內諸夏而外夷狄；書外離會，小國有大夫，宣十一年秋，晉侯會狄于攢函，襄二十三年，邾婁鼻我來奔，是也。至所見之世，著治太平，夷狄進至爵爵，天下遠近大小若一，用心尤深而詳，故崇仁義，譏二名，晉魏曼多仲孫何忌是也。

此公羊家言進化分三大時期之說也。夫所傳聞之世者，託治起於衰亂之中，由草昧而進於文化之時代也。是爲進化之第一時期。當此之時，各奉其酋長，各有其國土而已。故曰：內其國而外諸夏。由是故知有己之國，而不知有人之國，賤己貴我，先己而後人，故曰：先詳內而後治外。由是酋與酋相爭，國與國相攻，天下將無寧歲。于是諸酋之中，有覺悟者，倡爲息爭之說，而就其賢者能者而聽命焉，而後其國益大，故於所聞之世，託爲升平之世。是爲進化之第二期。當是之時，賢者能者進而爲天子，而諸酋長則進而爲諸侯之君矣。然而猶有中外之分，華夷之判，蓋世界文明，尚未能平等，猶是國家主義種族主義之時代也。故曰：內諸夏而外夷狄。然國家主義則難免國家之戰爭，種族主義則難獲種族之平等，其去酋長之爭，雖有大小久暫之別，其爲禍則均也。故當進而爲大同之世，力除國家主義與種族主義，及自私自利之成見。於所見之世，託爲大平之世，是爲進化之第三期。當此之時，無國界之見，無種界之分，一於平等而已。故天下遠近大小若一。若此則可謂至治之世，所謂大同者矣。雖然，公羊家所謂大同者，非放棄一切禮義，而任其肆睢而已也。世界愈進化，則道德亦當愈進化；世界愈大同，則道德亦當愈大同；而人人之守禮法也，亦當愈謹而嚴。故公羊家之說春秋，於始進化之時期，原其用心麤觕，而責之也略，故內其國而外諸夏，在所許也；以汔於大同之世，則其用心尤深而詳，故責之也亦愈大而嚴。內諸夏而外夷狄，則在所不許，以見道德之大，當一視而同仁也。此所謂大也。夫大惡，大失也，而始進化之世，則以外而略之；二名，小失也，而在太平之世，則詳而譏之；此所謂嚴也。蓋大所以待人，嚴所以治己，此大同所以爲大平而不亂也。此世界進化之說也。若論乎一人一國，則有仁義道德者爲進化，爲諸夏；無仁義道德者，爲野蠻，爲夷狄。諸夏之所以爲諸夏者，以其進化乎夷狄也。然若諸夏而有夷狄之行者，則亦夷狄之；夷狄而有諸夏之行者，則亦諸夏之。是故晉，諸夏也，楚，夷狄也，而楚莊王之舍鄭，春秋以爲有仁人之心，故諸夏之；晉擊楚之舍鄭，春秋以其爲無仁人之心，故夷狄之。故宣十二年春秋書曰：夏六月乙卯，晉荀林父帥師及楚子戰于邲，晉師敗績，傳云：

大夫不敵君，此其稱名氏以敵楚子何？不與

晉而與楚子爲禮也。

春秋繁露竹林篇釋之曰：

春秋之常辭，不與夷狄而與中國爲禮。至邲之戰，偏然反之何也？曰：春秋無通辭，從變而移。今晉變而爲夷狄，楚變而爲君子，故移其辭以從其事。

然則公羊家之於春秋，以謂諸夏夷狄之稱，原非一定之詞，唯視其進化與退化之異而已也。是故諸夏不能矜，而夷狄不必餒。俄而進化焉，則俄而爲諸夏矣，俄而退化焉，則俄而爲夷狄矣。是故定四年書曰：

「冬十有一月庚午，蔡侯以吳子及楚人戰于伯莒。

」吳夷狄也，而進稱子，以其有諸夏之行，則諸夏之也。（傳曰：吳何以稱子？夷狄也，而憂中國。）又書曰：「庚辰，吳入楚。」吳既諸夏之矣，而復退子稱吳者，復其夷狄之行，故復夷狄之也。（傳曰：吳何以不稱子？反夷狄也。）夷狄之無定也如此。雖然此託辭云爾。諸夏云云者，猶曰進化之國而已；夷狄云云者，猶曰未開化之國而已。時或貶諸夏爲夷狄，斥諸夏之退化而已；時或進夷狄於中國，則褒夷狄之進化，所以愧諸夏之退化，曾夷狄之不如也。如是而已。非謂當泯華夏之界，而聽夷狄之入主中夏也。此研究公羊學說者，所以不可不知者已。

公羊家哲學

正名說

莊子天下篇曰：「春秋以道名分。」然則孔子之作春秋，其要旨卽在乎是矣。名分二字，誠爲今世學者所厭聞，以其與平等之誼相觸也。其實斯乃沿俗人誤解名分二字之過耳。夫所謂名分者，有其名卽有其實，以名爲分別，名之所至，實亦隨之，不可太過，亦不可不及，孔子所謂過猶不及者也。蓋名分者，猶定分也。譬如立一名詞，幾何學家曰：平行四邊形，相對之邊必平行，必相等。則凡所謂平行四邊形者，必全合此義，倘有一不合，則非平行四邊形也。此名詞之名分也名與名相續而成句，句與句相續而成文，文句成而文法生焉。如云：「鳥吾知其能飛，魚吾知其能游，」可也。曰：「角者吾知其爲牛，鬣者吾知其爲馬，」不可也。此文法之名分也。夫文法生而論理成矣。如云：「聲是無常，所作性故，」則凡是所作，必是無常；倘其有常，必非所作，此論理之名分也。推而至於父慈子孝，君仁臣敬，亦莫不然。必慈而後可以爲父，不慈不足以爲父；必孝而後可以爲子，不孝不足以爲子。推而至於兄弟夫婦朋友君臣，亦莫不然。又推而至於「人者，仁也，」則不仁不足以爲人；「政者正也，」則不正不足以爲政。此人倫政教之名分也。自名詞之名分不明，而名詞之義濫；自文法論理之名分不明，而言論之理謬；學術亦於是乎晦矣。自人倫政教之名分不明，而天下國家之事亂矣。孔子之作春秋，其大旨固在乎明人倫，以宣政教；然其名詞文法論理，亦甚爲愼重不苟。論語子路曰：衛君待子而政，子將奚先？子曰：必也正名乎？名不正，則言不順；言不順，則事不成；事不成，則禮樂不興；禮樂不興，則刑罰不中；刑罰不中，則民無所措手足。所正者始於名詞，中於文法，終於倫理政教，而總不外乎正名實。名者實之賓，必有其實而後可以有其名。故曰：正名也。春秋正名，亦分名詞，文法，論理，人倫，政教

等，今略舉公羊家所發明者，試述之。隱元年春秋書

曰：天王使宰咺來歸惠公仲子之賵。傳曰：

仲子者何？桓之母也。何以不稱夫人？桓未君

也。桓未君則諸侯曷爲來賵之？隱爲桓立，故以桓

母之喪告於諸侯。然則何言爾？成公意也。

蓋隱與諸侯雖以夫人禮待仲子，而桓公未立，夫人

之實尚未完，故春秋不以夫人之名與之也。隱二年

書曰：夫人子氏薨。傳曰：

夫人子氏者何？隱公之母也。何以不書葬？成

公意也。子將不終爲君，故母亦不終爲夫人。

蓋隱公既爲君，子氏已有夫人之實，故以夫人名之；

而隱之志不終爲君，故不書子氏之葬，以見不與子氏之終爲夫人，亦以見子氏終無夫人之實也。春秋之於名詞，其謹嚴也如此。僖十六年書曰：「霣石于宋五，是月六鷁退飛過宋都。」傳曰：

曷爲先言霣而後言石？霣石，記聞。聞其磌然，視之則石，察之則五。曷爲先言六而後言鷁？六鷁退飛，記見也。視之則六，察之則鷁，徐而察之則退飛。

「霣石于宋」，此穀梁所謂耳治也；耳治必先聞，故先書霣。「六鷁退飛」，穀梁所謂目治也；目治必先見，故先書六。又定二年書云：「雉門及兩觀災。」傳曰：

雉門及兩觀災何？兩觀微也。然則曷爲不言雉門災及兩觀，主災者兩觀。然則曷爲後言之？不以微及大也。

蓋春秋之例，以大及小，而又不宜失其主災者之實，若書曰：雉門災及兩觀，則大小之序雖未亂，而人以爲主災者雉門而及於兩觀也。若曰：兩觀災及雉門，則主災者之實未失，而人將以爲兩觀大於雉門。故書曰雉門及兩觀災，則大小之例未亂，而細審災字不在雉門之下，而在兩觀之下，而自知主災者之爲兩觀矣。春秋文法之謹嚴如此。桓六年書曰：大雩。傳曰：

大雩者何？旱祭也。然則何以不言旱？言雩則旱見，言旱則雩不見。此卽倫理學中周徧與不周徧之方式。如下圖。蓋凡雩必爲旱，猶言聲必是所

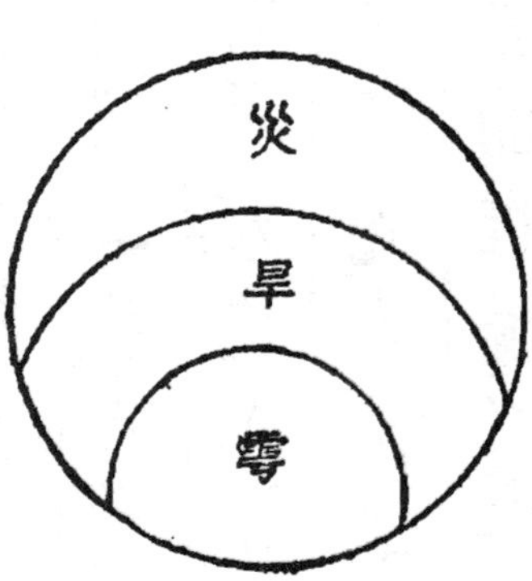

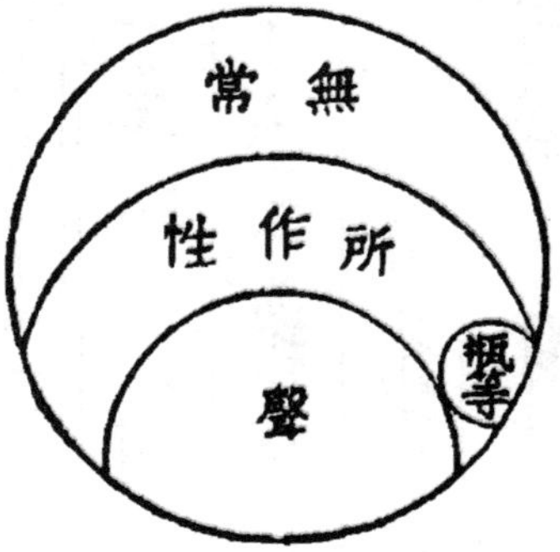

作，雩之名詞周徧，旱之名詞不周徧，亦猶聲之名詞周徧，所作性之名詞不周徧也。何謂周徧？言雩則爲旱可知，猶言聲則爲所作性可知也。何謂不

周徧？凡旱未必雩，而有時不雩也；凡所作性不必爲聲，而或爲瓶等也。此春秋論理學之基本，其謹嚴如此。若夫倫理爲儒者修齊治平之功，政教之根本，春秋之所尤重者。論語齊景公問政於孔子，孔子對曰：「君君；臣臣；父父；子子。」公曰：「善哉！信如君不君；臣不臣；父不父；子不子；雖有粟，吾得而食諸？」此人倫之名之當正，已由孔子言之，而景公因而推論之矣。所謂君君者，謂有君之名，即當堝有爲君之實。此實維何？則爲人君，止于仁，是也。無此實，即爲君不君。所謂臣臣者，謂有臣之名即當堝有爲臣之實。此實維何？則爲人臣，止於敬，是也。無此實卽爲臣不臣推而至於父父卽當止于慈子子卽當止于孝否則爲父不父子不子。春秋之作，蓋爲君不君，臣不臣，父不父，子不子者而作，而欲使之君君，臣臣，父父，子子者也。故隱四年書曰：「衞州吁弑其君完。衞人殺州吁于濮。」既書州吁弑君以自立，而於州吁獨不稱君而稱人，所以著其爲君不君也。桓二年書曰：「宋督弑其君與夷，及其大夫孔父。」稱名以弑，所以著宋督之爲臣不臣也。僖五年書曰：「晉侯殺其太子申生。」傳曰：「曷爲稱晉侯以殺？殺世子母弟稱君者，甚之也。」蓋以其爲父不父也。文元年書曰：「

楚世子商臣弑其君髡。」書曰：「世子」曰「其君」，所以著其爲子不子，且爲臣不臣也。其夫婦兄弟，義亦視此。當詳倫理篇，茲不先贅焉。抑吾尤有說者：正名之學，爲孔門之要道，而自正名詞以至文法論理倫理等，莫不包舉在內。而大略言之：前三者屬於學術，後者屬於政教，學術爲政教之基；政教爲學術之效。二者缺一不可者也。而自孔子以後，儒者所重，獨偏在於政教一端，而於本原之學，如名詞文法論理等，絕少擘求，遂致科學不昌，而政教亦失其基礎。此皆研究公羊學者不能發明之過也。

公羊家哲學

倫理說

中國之政教，五倫之政教也。五倫之政教，雖不限於儒者，而儒者爲之宗。儒者之政教，在於羣經，羣經之指雖博，而五倫爲之歸。五倫者，夫婦．父子．兄弟．君臣．朋友．各有其互相對待最適當之道是也。人與人之關係，不能外乎五倫。故治人之道，亦明五倫而已。此中國自古以來之政教，皆莫能外焉者也。太史公曰：『禮以節人，樂以發和，書以道事，詩以達意，易以道化，春秋以道義。撥亂世，反之正，莫近於春秋。』然則春秋在六經之中，其於五倫尤其明切者矣。故曰：「有國者不可以不知春秋，前有讒而不見，後有賊而不知。爲人臣者不可以不知春秋，守經事而不知其宜，遭變事而不知其權。爲人君父而不通於春秋之義者，必蒙首惡之名。爲人臣子而不通於春秋之義者，必陷篡弑之誅，死罪之名。其實皆以爲善爲之而不知其義，被之空言而不敢辭。夫不通禮義之旨，至於君不君，臣不臣，父不父，子不子。夫君不君，則犯；臣不臣，則誅；父不父，則無道；子不子，則不孝。此四行者，天下之大過也。以天下之大過予之，則受而不敢辭。」然則春秋者蓋明倫之書也。故曰：「撥亂世，反之正，莫近於春秋。」今將公羊家闡明春秋之倫理學說，略而論之。

易說卦傳曰：『有天地，然後有萬物；有萬物，然後有男女；有男女，然後有夫婦；有夫婦，然後有父子；有父子，然後有君臣；有君臣，然後有上下；有上下，然後禮義有所錯。』然則夫婦者，禮之始，人倫之本也。故太史公曰：『易始乾坤，詩始關雎，書美釐降，春秋譏不親迎。夫婦之際，人倫之大者也。』春秋之說，蓋見於隱二年經書曰：九月紀履緰來逆女。傳曰：外逆女不書，此何以書？譏。何譏爾？譏始不親迎也。始不親迎，昉於此乎？託始焉爾。』託始以譏，則春秋之重親迎可知。取妻必親迎，此敬婦之道，平等之義也。而墨子非之曰：『取妻身迎，祇褍爲僕，秉轡授綏，如仰嚴親，昏禮威儀，如承祭祀。顚覆上下，悖逆父母，下則妻子，妻子上侵。』嗚呼！吾於墨子之非，而益知儒家之親迎，爲乎等矣。

桓八年書曰：『祭公來，遂逆王后于紀。』傳曰：『大夫無遂事，此其言遂何？成使乎我也。其成使乎我柰何？使我爲媒，可則因用是而往矣。』然則書遂者，譏其不敬之詞也，故何休注云：『不復成禮，疾王者不重妃匹，逆天下母若逆婢妾。』然則春秋疾不禮於婦，可謂至矣。此雖譏王者之事，然不亦可以類而通乎？

太史公曰：「易基乾坤，詩始關雎，一而於春秋則不言其所始。吾以爲春秋始於隱公，雖重其讓，而託始焉，實亦以隱桓之禍，基於惠公之於聲子與仲子，而不早定其位也。詩始關雎，以夫婦之道正，而文王之化成也。春秋始隱公，以夫婦之道不正，而隱桓之禍生也。詩與春秋，一美一刺，其義一矣。

宣元年書曰：『遂以夫人婦姜至自齊』，貶夫人不稱姜氏者。傳曰：『夫人與公一體也』此謂恥辱當與公共之也。恥辱當與公共之，則餘事之當與公者可知。此非至平等之義乎？

莊二十四年書曰：『秋公至自齊，八月丁丑，夫人姜氏入。」傳曰：「其言入何？難也。其日何？難也。其難奈何？夫人不僂，不可使入，與公有所約，然後入。」僂者何？孔廣森云：「俯也。不僂者，蓋不伏順乎公之謂。」夫不伏順乎公，何以譏爲大惡？何休解詁曰：妻事夫有四義焉：鷄鳴縱笄而朝，君臣之禮也；三年惻隱，父子之恩也；圖安危可否，兄弟之義也；樞機之內，寢席之上，朋友之道，不可純以君臣之義責之。此可見妻與夫有平等之締約矣。然則夫之與妻，統治之權雖略有君臣之分，而其餘則皆平等之義也。

春秋之於夫婦，雖甚平等，而於婦人則最貴貞節。所以重恥辱而息爭殺也。故桓公夫人姜氏淫於齊，春秋屢譏不一譏。桓十八年書曰：『公會齊侯于濼。公夫人姜氏遂如齊。』不言「及」，以著公之外夫人，其實則深恥公之爲夫人外也。諱公卽所以罪夫人也。莊元年書曰：「夫人遜於齊，」不稱姜以貶，不與莊公念母，乃所以深絕夫人也。自是以後，屢書「夫人姜氏會齊侯，」所以深恥之也。其爲淫者戒至矣。至於莊夫人爲淫二叔殺二嗣而出奔，春秋月而罪之。於閔二年書曰：九月夫人姜氏孫于邾婁。僖元年復書曰：『七月戊辰夫人姜氏薨于齊。齊人以歸。』夫夫人之死，本齊侯召而縊殺之者也，而春秋諱若夫人自死，則美齊侯之殺當其罪也。其罪淫尤切矣。

春秋既重婦人之貞節，故甚重別嫌明疑。襄三十年書曰：「秋七月叔弓如宋葬宋共姬。」傳曰：「其稱謚何？賢也。何賢爾？宋災，伯姬存焉，有司復曰：「火至矣，請出。」伯姬曰：「不可。吾聞之也，婦人夜出，不見傅母，不下堂。傅至矣，母未至也。」（孔廣森云：傅，傅母；母，保母也。）逮乎火而死。」荀爽女誡申之曰：「聖人制禮，以隔陰陽；七歲之男，王母不抱；七歲之女，王父不持。親非父母，不與同車；親非兄弟，不與同筵；非禮不動，非義不行。是故宋伯姬遭火不下堂，知必為災，傅母不來，遂成于灰。春秋書之，以為高也。」此事在今日觀之，固甚屬無當。然在昔日亦自難能而可貴。蓋男女之際，苟非如今日之公開，則嫌疑之間，亦有不可不特別慎重者。此宋共姬之所以可貴也。

昔人有言：「父子之道，天性也。」孟子曰：「孩提之童，無不知愛其親。」豈特人而已哉？天地之生物，自禽獸以上，鮮有不愛其子，而子亦鮮有不愛其親者，所謂天性也。然而禽獸之記憶，不及人類，境過即忘，情過即遷。父母之慈於其子，本於其傳種保種之天能而已，而於己之本心殆無所謂種之一觀念也。子之愛於父母，亦純本乎求生求食之天能而已，而於己之本心，亦無所謂生之一觀念也，故未幾而各不相愛，無所謂父子矣。是任天而行，亦任天而止者也。唯人則不然，始則任天而行，繼則以人力而常保其天。不特不任天而止，且常有加而無已，而慈孝之道生焉。是以親之愛其子未始有窮；而子之愛其親，亦未始有極。何者？記憶力强，故恩愛不忘，此自然之理也。今夫逆旅相逢，言笑數日，及其別也，尚有依戀之懷；至於交游日久，匡匪相詒，尚有往來之酬報，不忍相負。況於父母子女之閒，自幼而長，又奚止十百倍於此而已？然而今世之人，日言社交，盛談汎愛，而口倡非孝者，亦獨何心邪？儒家之學，最重於愛。愛也者，生生之本也。夫婦者，愛之始也；父子者，愛之成也。有夫婦而後有父子，故孔門教育，最重夫婦之倫，亦最重父子之倫，觀於公羊家之說春秋而益可知矣。

公羊家說春秋，最重父子之恩，雖有大過，不敢忘也。莊元年書曰：「夫人孫于齊」傳曰：「其言孫于齊何？念母也。正月以存君；念母以首事」俞樾釋之曰：「夫人遜于齊者，明君有母也。春秋記載莊公三十二年之事，以此爲首。蓋推莊公之心，無有更先於此者也」。如俞氏此說，蓋頗合於詩凱風之旨。詩

凱風序云：『凱風，美孝子也。衛之淫風流行，雖有七
子之母，猶不能安其室。故美七子能盡其孝道，以慰
其母心，而成其志爾。』其詩云：「母氏聖善，我無令
人。」又云：「有子七人，母氏勞苦。」孔穎達謂「此
母有欲嫁之志，孝子自責，母遂不嫁。」此則母雖有
過，而子卒能以孝道感母之心，而使之改過者也。詩
人美之，不亦宜乎？春秋之姜氏，其過蓋遠甚於凱風
七子之母，故春秋不與莊公之念母，而不稱姜氏，以
爲之貶。傳曰：『夫人何以不稱姜氏？貶。念母者所善
也。則曷爲於其念母焉貶？不與念母也。』然不與念
母者，春秋之法也。而原其爲子之情，則不可以不念，

故書「夫人孫于齊」，以見莊公之當念此春秋之恩，亦詩人忠厚之道也。由此觀之，則公羊家之說春秋，其權衡於恩與法之閒，若是其微哉！

桓九年書曰：「春紀季姜歸于京師。」傳曰：「其辭成矣，則其稱紀季姜何？自我言紀，父母之於子，雖爲天王后，猶曰吾季姜。」美哉言乎！曰：「吾季姜」云者，父子之恩，躍然紙上矣。此非公羊之善於言情而能如是乎？

桓九年書曰：「冬，曹伯使其子射姑來朝。」傳曰：「諸侯曰來朝，此世子也，其言朝何？春秋有譏父老子代從政者，則未知其在齊與曹與？」孔廣森釋之曰：「傳設爲辭者，言二世子皆不免譏耳。禮世子無外交。曹伯有疾，射姑當躬親視藥膳；而忍去左右，偃然代行朝禮，失君不在稱貳之義故責之。」夫父方有疾，以父子之恩憂慮自然不能自免。而曹世子尚能晏然代行朝禮，行若無事，則亦可謂無恩之甚矣。此春秋所以譏與？

文二年書曰：「公子遂如齊納幣。」傳曰：「納幣不書。此何以書？譏。何譏爾？譏喪娶也。」夫文公之娶，在三年之外，而春秋以爲喪娶而譏之，不亦近於誣乎？曰：不然。此所謂春秋誅心之筆也。公羊家之於孝，亦言其志焉爾。文公於喪之內，而有圖婚之事，公羊家於是乎譏其無喪父之心，而無悼遠之念矣。春秋繁露玉英篇論此事甚明，其言云：

文公以喪取。難者曰：喪之法不過三年，三年之喪二十五月。（閔二年傳）今按經文公乃四十一月乃取，取時無喪，出其法久矣。何以謂之喪取？曰：春秋之論事，莫重乎志。今取必納幣，納幣之月在喪分，故謂之喪取也。且文公以秋祫祭，以冬納幣，皆失于太蚤。春秋不譏其前，而顧譏其後，必以三年之喪，肌膚之情也，雖從俗而不能終，尤宜未平於心。今全無悼遠之志，反思念取事，是春秋之所甚疾也。故譏不出三年于首而已，譏以喪取也。不別先後，譏其無人心也。

僖三十三年書曰：「夏四月辛巳晉人及姜戎敗秦于殽。」傳曰：「其言及姜戎何？姜戎微也。稱人亦微者也。何言乎姜戎之微？先軫也。或曰襄公親之。襄公親之，則其稱人何？貶。曷爲貶？君在乎殯而用師，危不得葬也。」成六年書曰：「壬申鄭伯費卒。」孔廣森云：「悼公在喪未踰年而親代許，不子之甚，故去葬奪臣子恩也。」然則公羊家說春秋，其於父子之恩，示不可忘者可謂至矣。夫推父子之恩而至於不可用師，則公羊家言孝之義，可謂大矣。

昭十九年書曰：「夏五月戊辰許世子止弑其

君買』「冬,葬許悼公。」傳曰:「賊未討,何以書葬?不成于弒也。曷爲不成于弒?止進藥而藥殺也。止進藥而藥殺,則曷爲加弒焉爾?譏子之道不盡也。曰許世子止弒其君買,是君子之聽止也。葬許悼公,是君子之赦止也。何氏解詁云原止進藥本欲愈父之病無害父之意赦止者,免止之罪辭也。」觀乎此,則公羊家之說春秋嚴於法而恕於情,可見矣。夫進藥而藥殺,則止於嘗藥之法有未盡也。故春秋嚴治其弒父之罪,以謂不能盡其道,雖不弒父猶弒父,亦猶趙盾士不出境,還不討賊,雖未弒君猶弒君也。所以使天下後世於事親之道,亦有所不可忽也。書曰「許世子止弒其君買」,則春秋之法不亦癛乎其可畏哉？然止實無弒君之心，故爲原其情亦所以不誣其實也。書曰「冬葬許悼公」則春秋之法，又不亦恕哉？或曰：古者何以重嘗藥？病者之藥而不以病者嘗之，此何益於病者？曰：於此可見古代之情勢矣。凡古人立一法，必所以救一弊也。蓋古之時貴當國，大權大利之所在。臣子之覬覦者必衆，故因病進藥，以弒其君者必不少。重嘗藥則此禍可以略減，而爲臣子者亦可藉以略明嫌疑矣。

僖二十三年書曰「夏五月庚寅宋公慈父卒。」傳曰：「何以不書葬？盈乎諱也。」孔廣森釋之曰：「春秋之法，許人子者必使子，本以襄公背殯，故桓公不書葬，若更葬襄公，則是揚子抑父，非教孝之道，故亦不書葬，以足成其諱義。」然則爲子諱者亦當爲父諱也。宣十四年書曰：「夏五月壬申曹伯壽卒」何休注曰：「日者公子喜時父也。緣臣子尊榮，莫不欲君父共之，故加錄之，所以養孝子之志，許人子者必使父也。」然則尊榮其子者，亦當尊榮其父也。蓋父子一體，榮辱共之，春秋之義也。

成四年書曰：「鄭伯伐許，」夫此未踰年也，而稱鄭伯者，論者以謂春秋之意，既已見其無人子之心，亦以見其不能幹父之蠱也。春秋繁露竹林篇云：書云：「高宗諒闇，三年不言，」居喪之義也。今縱不能如是，柰何其父卒未踰年，卽以喪舉兵也？春秋以其薄恩，且施失其子心，故不復稱子，謂之鄭伯，以辱之也。』此見其無人子之心之說也。又云：『且先君襄公伐喪叛盟，得罪諸侯，怒之未解，惡之未已，繼其業者，宜務善以覆之；今又重以無故居喪伐人；父伐人喪，子以喪伐人，父加不義於人，子施失恩於親，以犯中國，是父負惡于前，己起大惡于後。』此見其不能幹父之蠱之說也。然吾獨以謂襄公不以孝子之心待人，伐人之喪，而其子遂以不孝之志反諸其身，居喪而伐人，春秋書此，所以見出乎爾者，反乎爾者也，豈遠也哉？

襄三十年書曰：「夏四月蔡世子般弑其君固」何休解詁曰：「不日者，深爲中國隱痛，有子弑父之禍，故不忍言其日。」夫子之弑父，君子尚不忍言其日，彼之安然爲之者，亦獨何心哉？

昭元年書曰：「冬十有一月己酉，楚子卷卒。」孔廣森云：「左傳曰：「楚公子圍將聘于鄭，未出竟，聞王有疾而還，入問王疾，縊而弑之，葬王于郟敖。」韓非子亦稱春秋紀曰：「王子圍因入問疾，以其冠纓絞王而殺之，遂自立也。」然則卷之卒，亦非實卒，而春秋不言弑者，爲內諱也。前此伯王爲齊懿公，弑君自立，文公末之朝也。今楚夷狄之國，公子圍親弑君之賊，而昭公屈節往朝，內恥之大者，故略其實沒其文，所以扶中國，全天理，微乎旨乎。」然則朝於弒父之人而春秋尚恥之。況親爲弒父者乎？凡天下之禍，君子有不欲多出之口者，非固爲之諱也，不忍言也。

僖五年書曰：「春晉侯殺其太子申生。」傳曰：「曷爲直稱晉侯以殺？殺太子母弟直稱君者，甚之也。」夫甚之爲言深責之也。是公羊家於父子之恩，非特子之於父當孝，而父之於子亦當慈。子而不孝固春秋之所惡；父而不慈，亦春秋之所不敢寬也。

父子之道，本於天性！故兄弟之道，亦本於天性。蓋兄弟之情，原於父子者也。兄弟之道，最貴相讓。公羊家說春秋以謂春秋始於隱桓，賢隱之能讓，疾桓之不能讓也。自古兄弟之禍起於不相讓者豈少也哉？

昭元年書曰：『夏秦伯之弟鍼出奔晉』。傳曰：『秦無大夫，此何以書？仕諸晉也。曷爲仕諸晉？有千乘之國，而不能容其母弟，故君子謂之出奔也』。夫仕諸晉而謂之出奔，則其責秦伯也深矣。

襄三十年書曰：『天王殺其弟年夫』何休解

詁云：『王者得專殺，書者惡失親親也。』此蓋謂有天子之國而不能容其弟，春秋直書殺其弟，所以譏之也。

僖九年書曰：『冬，晉里克弑其君之子奚齊。』春秋繁露精華篇曰：『麗姬一謀而三君死之，天下所共痛也。本其所爲爲之者，蔽於所欲得位而不見其難也。春秋疾其所蔽，故去其位辭，徒言君之子而已。若謂奚齊曰：嘻嘻！爲大國君之子，富貴足矣！何以兄之位而欲居之？以至於此乎！云爾。錄所痛之辭也。』然則公羊家之於兄弟，其重讓也可謂切矣。

父子本乎天性；君臣本乎義合。父子與君臣之義，其大別在此。故父雖不慈，子不可以不孝，反之則子雖不孝，父不可以不慈。此非自外劫之也，天性有所不忍也。君臣則不然。君不君則臣非其臣；臣不臣則君非其君。故詩曰：「毋氏聖善，我無令人。」此古今之孝子同此心同此情也。韓愈曰：「臣罪當誅，天王聖明，」此則非所以通於湯武矣。公羊家之說春秋多明此義。

昔崔杼弒莊公，晏子立崔氏之門，從者曰：「死乎？」晏子曰：「獨吾君也乎哉？吾死也。」曰：「行乎？」

」曰：「獨吾罪也乎哉？吾亡也。君民者，豈以陵民？社稷是主。臣君者，豈爲其口實？社稷是養。故君爲社稷死，則死之；爲社稷亡，則亡之；若君爲己死，而爲己亡，非其私暱，孰能任之？」門啓而入，崔子曰：「子何不死？」晏子曰：「禍始，吾不在也；禍終，吾不知也；吾何爲死？且吾聞之：以亡爲行者不足以存君，以死爲義者不足以立功。嬰豈其婢子也哉？其從之也！」近人某氏推而論之曰：

此義與儒家春秋之義相同。卽西儒分君主與國家爲二之說，而路易十四「朕卽國家」之言所以得罪於全歐也。天生民而立之君，使司牧之，豈其使一人肆於民上，以縱其欲也哉？孔子之論管仲也，曰：「豈若匹夫匹婦之爲諒也，自經於溝瀆，而莫之知也？」春秋書弒君，及其大夫三。書孔父，以其正色立朝也，非徒以其死也。書荀息，以其克踐其言也，非徒以其死也。書仇牧，以其不畏彊禦也，非徒以其死也。齊襄之變，從而殉者有徒人費，有石之紛如，有孟陽，而弗得見於春秋之經，以其報私恩而非殉公義耳。春秋爲明大義之書，故凡事之無關於大義者，皆削而不書。徒人費諸人，正孔子所謂匹夫匹婦，而晏子所謂婢子者也，故爲人君而知此義，則敬天勤民之念弗敢荒矣。

爲人臣而知此義，則陳善閉邪之責弗敢貸矣。

此論可謂深合公羊家之旨

雖然，如公羊家說，春秋之於君臣，苟非其君大無道，而己爲民請命，則春秋皆以弑君罪之，所以嚴君臣之分，防亂臣賊子者至嚴也。斯又不可以不辨。

桓十五年書曰：「邾婁人牟人葛人來朝。」傳曰：「皆何以稱人？夷狄之也。」夫曷爲夷狄之？春秋繁露王道篇云：「夷狄邾婁人牟人葛人，爲其天王崩而相朝也。」何休解詁云：「桓公行惡，而三人俱朝事之，三人爲衆，衆足責，故夷狄之。」此二說雖不同，其譏不臣則一也。天王崩而相朝，是忘君臣之義也。桓公行惡，而三人朝事，蓋謂桓爲弑君之人也！朝乎弑君之人，尚夷秋之，況親爲弑君者乎？

隱四年書曰：「九月衞人殺州吁于濮。」傳曰「其稱人何？討賊之辭也。」穀梁傳曰：「稱人以殺，殺有罪也。」夫州吁嘗爲君矣，而以爲春秋美其殺者，無君人之道，不足以爲君也。

公羊家說春秋，惡臣之專權，所以除侵濫免爭奪也。文十四年書曰：「晉人納接菑于邾婁。」傳曰：「此晉郤缺也，其稱人何？貶。曷爲貶？不與大夫專廢置君也。」後世之禍生於臣權之專者，蓋亦多矣。故公羊家防之甚嚴與。

文二年書曰：「夏六月公孫敖會宋公陳侯鄭伯晉士縠盟于垂斂。」黄仲炎曰：「垂斂之盟，士縠主諸侯之盟，而不以士縠先諸侯者，存君臣之分也。」宣元年書曰「晉趙盾帥師救陳宋公陳侯衞侯曹伯會晉師于斐林伐鄭」，傳曰此晉趙盾之師也，曷爲不言趙盾之師？君不會大夫之辭也。孔廣森釋之云：「新城之盟，趙盾嘗以名氏見矣，於此發傳者，彼列序諸侯之下，以臣從君，於義猶可；此文若云宋公會晉趙盾，則以敵四國之君，故不可也。」此以則君臣之分，不獨全於本國，其義且通於異國矣，春秋固惡大夫之專，而深譏之。然推原其所以致專之故，莫不本乎君失其爲君之道。文八年書曰：「公孫敖如京師，不至復。丙戌，奔莒。」傳曰：不至復者何？不至復者，內辭也，不可使往也。春秋繁露玉杯篇釋之曰：「文公不能服喪，不時奉祭，不以三年，又以喪取，取于大夫，以卑宗廟，亂其羣祖，以逆先公，小善無一，而大惡四五，故諸侯弗與盟，命大夫不爲使，是惡惡之徵，不臣之效也。出侮於外，入奪於內，無位之君也。」孔子曰：「政逮於大夫，四世矣。」蓋自文公以來之謂也。」然則公孫敖之專，亦文公之無道有以使之然者矣。

宣六年書曰：「趙盾弒其君。」傳曰：「親弒君者趙穿，則曷爲加之趙盾？不討賊也。何以謂之不討賊？晉史書賊曰：趙盾弒其君夷獋。趙盾曰：「天乎！無辜！吾不弒君！誰謂吾弒君者乎！」史曰：「爾爲仁爲義，人弒爾君，而復國，不討賊，此非弒君而何？」不討賊，卽爲弒君，以見討賊爲人臣不可苟免之責。人臣之責有未盡，其罪同於弒君；猶嘗藥爲人子之責，人子之責有未盡，罪無異於弒父也。

宣八年書曰：「仲遂卒于垂。壬午猶繹。萬入去籥。」傳曰：「其言『萬入去籥』何？去其有聲者，廢其無聲者。存其心焉爾。存其心焉爾者何？知其不可爲而爲之也。猶者何？通可以已也。」何休解詁云：「

明其心猶存於樂，知其不可，故去其有聲者而爲之。禮，大夫死，爲廢一時之祭；有事于廟而聞之者，去樂卒事；卒事而聞之者，廢繹。」漢書王嘉傳曰：「聖王之於大臣，在輿爲下御，坐則起，疾病視之無數，死則臨弔之，廢宗廟之祭，進以禮，退以義，誅之以行。」此卽春秋敬禮大臣之義也。

成十年書曰：「丙午晉侯獳卒。」何休云：「不書葬者，殺大夫趙同等。」然則君之殺大夫不以道，亦春秋之所譏也。此可以見公羊家君臣平等之義，春秋所書爲列國之大事，凡夫婦父子兄弟君臣之變，均得見之。唯朋友爲個人私交，故不得見於經。然朋友之交最重信，春秋於列國之交，亦最重信。此可以通於朋友之義矣。

公羊家哲學

仁義說

儒家之學，最重仁義。說文云：「仁，親也，从人二。忎，古文仁，从千心作。」又云：「義，己之威儀也，从我从羊。墨翟書作羛。」然則仁从人从二，二者多數之稱，「一生二，二生三，三生萬物」，自茲以往，巧曆不能窮也。親者，愛也。愛己而愛人，故从人从二。古文从心从千，謂愛及千萬人也。義从羊从我，羊者祥也，善也。我者己也；威義者猶法度也。義从羊我，謂善己之法度也。墨翟書作羛，从羊从弗，弗與拂通，謂以善道矯拂己身也。「羛」義亦與「義」同。然則仁者愛人，義者治己，此仁義二字之界說也。公羊家說之最明。

隱十年傳曰：

春秋錄內而略外，於外大惡書，小惡不書；於內大惡諱，小惡書。

何休解詁釋之云：

內小惡書，外小惡不書者，內有小過，適可治諸夏大惡，未可以治諸夏小惡，明當先自正，而後正人也。

此即大學身修而后家齊，家齊而后國治，國治而后天下平之說，孟子所謂天下之本在國，國之本在家，家之本在身也。然則人之所以能治人者，在先能治己。故公羊家說春秋於外小惡不書，大惡乃書者，謂責人當寬也。內小惡書，謂治己當嚴也。內大惡諱，非恕而諱之，不忍言而諱之也。其責之也愈深矣。夫物有本末，事有終始，身者本也，始也。未有身不修而可以正人者；未有身不義而可以義人者。是故君子反本而已矣。且仁者由內而推諸外者也。義者由外而引諸內者也。愛己，人之所同也，君子知吾身之可愛，則知天下之人之身之當愛矣；知吾親之當親，則知天下人之親之當親矣。故孟子曰：『老吾老，以及人之老；幼吾幼，以及人之幼。』愛己愈深者，則其愛人彌大。故董子曰：『遠而愈賢，近而愈不肖者，愛也。』王者愛及四夷，霸者愛及諸侯，安者愛及封內，危者愛及旁側，亡者愛及獨身。」義之用則反是。君子見他人之不善，則退而愀然必以自省也，曰：我苟無此惡乎？此當亟去之者矣；見人之善，則退而修然必以自省也，曰：我苟有此善乎？是當急爲之者矣。故觀於人者愈衆，則責於己者愈嚴。是故責己愈嚴者聖也，次者賢也，不責己而徒責人者，小人也。故春秋書內小惡，所以貴省己之惡，雖小不恕也。此所謂義以治己也。春秋之「善善也長，惡惡也短，」所以見人之善，雖遠而可愛；人之惡已過則可恕也。此所謂仁以愛人也。是故仁者由己以及人；反而言之，不愛人者即不能愛己，故寧損己以利物。義者由人以及己；反而言之，不治己者，不能治人，故恆恕人而嚴己。此公羊家說春秋之大義也。反之，以仁愛己，以義治人，春秋疾之。僖四年春秋書曰：「齊人執陳袁濤塗。」此執有罪也，而貶侯稱人者，以其非伯討也。傳曰：「不脩其師而執濤塗，古人之討，則不然也。」春秋繁露仁義法篇云：

義云者，非謂正人，謂正我。齊桓執袁濤塗之罪，非不能正人也，而春秋弗予，不得爲義者，我不正也。

此明徒以義治人者之非也，非所謂義也。又僖十九年春秋書曰：『梁亡』不言伐而言亡者，傳曰：「自亡也。魚爛而亡也。」蓋謂愛己不愛民而自亡也。春秋繁露仁義法篇云：

春秋不言伐梁而言梁亡者，蓋愛及獨身者也。故曰：仁者愛人，不在愛我。

又王道篇云：

梁內役民無已，其民不能堪，使民比地爲伍，一家亡，五家殺，刑其民曰：先亡者封，後亡者刑。君者將使民以孝於父母，順于長老，守邱墓，承宗廟，世世祀其先。今求財如不足，行罰如不勝，殺戮如屠仇讎，其民魚爛而亡，國中盡空。春秋曰：梁亡。梁

士者，自士之也，

此明徒以仁愛己者之非也。非所謂仁也。宋儒范純仁言有曰：

人雖至愚，責人則明；雖有聰明，恕己則昏。苟能以責人之心責己，恕己之心恕人，則不患不至聖賢。

此說甚有合於公羊家之旨。夫以責人之心責己，則自治之義也；以恕己之心恕人，則愛人之仁也。

仁義二字，析言之則分，渾言之則義亦可以包仁。利己謂之利，利民謂之義，則義亦仁也。儒家最嚴義利之辨。公羊家說之尤明。隱五年春秋書曰「春公觀魚于棠。』傳曰：

何以書？譏。何譏爾？遠也。公曷爲遠而觀魚？登來之也。千金之魚，公張之。

董子春秋繁露玉英篇中之曰：

公觀魚于棠，何惡也？凡人之性，莫不善義，然而不能義者，利敗之也。故君子終日言不及利，欲以勿言愧之而已。愧之所以塞其源也。夫處位動風俗者，徒言利之名爾，猶惡之，況求利乎？今非直使人也，親自求之，是爲甚惡。

又隱三年春秋書曰：『秋武氏子來求賻。』傳曰：

何以書？譏。何譏爾？喪事無求，求賻，非禮也。

文九年春秋書曰：「春毛伯來求金。」傳曰：

何以書？譏。何譏爾？王者無求，求金非禮也。

劉向說苑中之云：

周天子使家父毛伯求金于諸侯，春秋譏之。故天子好利，則諸侯貪；諸侯貪，則大夫鄙；大夫鄙，則庶人盜。

此皆深有合乎公羊傳之旨者也。孟子對梁惠王極言「萬乘之國，弑其君者，必千乘之家；千乘之國，弑其君者，必百乘之家。萬取千焉，千取百焉，不爲不多，苟後義先利，不奪不厭。」其嚴義利之辨如此，皆與公羊家之義相通。

公羊家說春秋最重仁義，能行仁義者則褒之，其成敗非所問也。宋襄公不墮乘車之約，而爲楚所敗，春秋書曰：『楚人使宜申來獻捷。』僖二十一年傳曰

此楚子也，其稱人何？貶。曷爲貶？爲執宋公貶。惡乎捷？捷乎宋。曷爲不言捷乎宋，爲襄公諱也。

及其與楚人戰于泓，不厄人于濟，不鼓不成列，春秋書曰：『冬十有一月乙巳朔宋公及楚人戰于泓。宋師敗績』僖二十二年傳申之曰：

偏戰者日爾。此其言朔何？春秋辭繁而不殺者正也。臨大事而不忘大禮，有君而無臣。以爲雖文王之戰亦不過此也。

其予襄公可謂至矣。於是以賢襄公之故而終僖之篇貶楚。僖二十七年春秋書曰：冬，楚人陳侯蔡侯鄭伯許男圍宋。傳曰：

此楚子也。其稱人何？貶。曷爲貶？爲執宋公貶。

故終僖之篇貶之也。

公羊家提倡仁義之志如此。而後世之學者，功利之見既深，以成敗論人，乃曰：宋襄公假仁假義以取敗，從而尤之，其亦不仁之至矣。董子曰：『正其誼，不謀其利；明其道，不計其功。』此真公羊家之精義，而世儒既是董子之言，而多非襄公之行，亦多見其好空言而不好實行矣。難者曰：然則襄公可幾於文王與？

曰：文王何可當也。雖然，積善成聖。聖人者亦事事之積，念念之積而已。一念之善，則一念之間爲聖人；一事之善，則一事之間爲聖人。襄公不墮約，不厄人，不鼓不成列。當其不墮不厄不鼓之一念，雖不謂之文王不可也。當其不墮不厄不鼓之時，雖不謂之文王不可也。公羊家大其此念此事之善，故曰以爲雖文王亦不過此也。

公羊家所最貴夫仁者，以其發於惻隱之情，而絕無利害之念也。宣十四年春秋書曰：『夏五月宋人及楚人平。』傳遂大書大書曰：『外平不書。此何以書？大其平乎己也。』董子申之曰；『推恩者遠之而大。爲仁者自然而美。今子反出己之心，矜宋之民，無計其間，故大之也。」自然二字，最足以明仁之本體。孟子所謂見孺子入井，見嫂溺之時也。是以春秋之法，卿不憂諸侯，政不在大夫，而子反皆反之，而猶書而大之者，大其自然之仁也。倘於此之時，而尤計度己身之利害榮辱，是猶見孺子入井，而計度其救之之得失；見嫂溺不卽援，而慮以常禮，其後雖能救之，而一經計度，已非自然流露之仁矣。今觀子反與華元問答之言，純爲一片天機流露，絕無絲毫利害之顧慮，其惻隱自然之情爲何如邪？春秋安得而不大之？難者曰：然則曷爲稱人以貶？曰：此公羊家之經也。若曰春秋之大經，平者不在下，今不幸而楚莊王圍宋；不幸而宋城之人，易子而食，析骸而炊；故二大夫發其自然之仁而平在下；就其平之心則可大，就其平之事則不可以爲經也。

公羊家最貴仁，故於春秋所書常發明其惻隱之情，存亡繼絶之志。昭九年春秋書曰：「陳火」傳遂大書特書曰：「陳已滅矣，其言陳火何？存陳也。」曰：「存陳悕矣。」何休釋之曰：「楚爲無道，託討賊行義，陳臣子辟門虛心待之，而滅其國。」姚鼐釋之曰：「言存陳者，孔子悲之也。滅國多矣，曷爲獨悲陳而存之？以楚託於名義，若義當滅陳，世無敢議楚罪者。若是陳竟將滅矣而幸復存是可悲矣是以春秋於其未復而亟存之也」斯言然矣然則陳之無道楚之託義而春秋悲之者豈不以陳臣子之情虛心待楚而反爲所滅哉夫陳之臣子非坐以待亡者也以楚託於義以討將以正其君而存其國也今竟不義而滅之而陳之臣子乃竟似坐以待亡者矣而楚又假以名義一似陳已當滅世人遂無復知其爲非者天下可悲之事孰有過於此此春秋之仁所當亟存之者矣。

公羊家貴仁義故最惡乘人之厄成四年春秋書曰：『鄭伐許』公羊雖無傳然襄十九年春秋書

曰：「晉士匄帥師侵齊，至穀，聞齊侯卒，乃還。」傳曰：「還者何？善辭也。何善爾？大其不伐喪也。」不伐而善，則伐之爲不善明矣。故董子春秋繁露云：「春秋曰：『鄭伐許。』奚惡于鄭而夷狄之也？曰：『衛侯遫卒，（成二年）鄭師侵之，是伐喪也。伐喪無義，故大惡之。』」蓋父母之喪，孝子所深痛也。君子愛己之親，而愛人之親；痛己之喪，而痛人之喪。今不特不哀矜之，而反伐之，重傷孝子之心，是之謂無仁心。無仁心者無人心也，故春秋夷狄之。

公羊家哲學

善惡說

孟子曰：「孔子成春秋而亂臣賊子懼。」然則春秋，刑書也。故法之嚴宜莫若春秋。後之學者，至論春秋爲名法家之濫觴。夫班固論諸子以謂「六經之支與流裔。」劉勰論六經以謂「百家騰躍，終入環中。」則以春秋爲名法之祖，亦固其宜。然孟子又云：「王者之迹息而詩亡，詩亡而後春秋作。」吾嘗以謂詩者溫柔敦厚之教也。孔子作春秋以繼詩，其亦必有溫柔敦厚之志存焉。此所以別於後世之名法家與？昭二十年春秋書曰：「夏曹公孫會自鄸出奔宋。』傳曰：

奔未有言自者。此其言自何？畔也。畔則曷爲不言畔？爲公子喜時之後諱也。春秋爲賢者諱。何賢乎公子喜時？讓國也。賢公子喜時，則曷爲會諱？君子之善善也長，惡惡也短。惡惡止其身，善善及其子孫。賢者子孫，故君子爲之諱也。

何休申之曰：『君子不使善行有後患，故以喜時之患，除會之叛。』然則春秋之寬大可知矣。春秋敦厚之教可知矣。世之小人，偶有不得志於人，則終身怨毒，欲置之死地而後快，且疾及其子孫者，其讀公羊傳『君子善善也長，惡惡也短』之語，其亦知所愧乎？嘗試而論之：世之所以亂，其故雖多，而愛憎之心，亦階之厲也。人之所愛，固未必善，然孰不自以爲當於善。人之所惡，固未必惡，然孰不自以爲當於惡。今假令其當於惡矣，然人而不仁，疾之已甚，亦適足以生亂。良以所惡者既無自新之路，則挺而走險，亦勢所必至。且疾之大甚，怨毒之心生，而報復之念起，勢必至於怨怨相報，互相仇殺而後已，而欲世之不亂，豈可得乎？故公羊家之「善善也長」欲人之不忘人之善也；「惡惡也短」欲人之易於忘人之過也。不忘人之善，則以德報德；易忘人之過，則不至於以怨報怨矣。夫使人不以怨報怨，而以德報德，則民德歸厚矣。是三百篇怨而不怒之旨也，是春秋繼詩而作之旨也。且春秋之「善善也長」，非固寬於其子孫也，所以樂人之終於爲善也。故除公孫會之叛，非爲會諱，爲公子喜時諱，所以成喜時讓國之高也。春秋「惡惡雖短」，而所以絕惡則甚謹，僖十七年春秋書曰：「夏滅項。」傳曰：

孰滅之？齊滅之。曷爲不言齊滅之？爲桓公諱也。春秋爲賢者諱。此滅人之國，何賢爾？君子之惡惡也疾始，善善也樂終。桓公嘗有繼絕存亡之功，故君子爲之諱也。

何休解詁云：

言嘗者，時桓公德衰功廢而滅人，嫌當坐，故上述所嘗盛美而爲之諱，所以尊其德，彰其功，傳不言服楚，獨舉繼絕存亡者，明繼絕存亡足以除殺子糾滅譚逐項覆終身之惡，服楚功在覆篡惡之表，所以封桓公，各當如其事也。

蓋樂終者君子樂成人之美也。樂成人之美，所以勸人爲善也。故紀侯大去其國，則爲襄公諱。莊四年春秋書曰：「紀侯大去其國」傳曰：

大去者何？滅也。孰滅之？齊滅之。曷爲不言齊滅之？爲襄公諱也。春秋爲賢者諱。何賢乎襄公？復讎也。

不言晉之出入以爲文公諱。僖十年傳曰：

曷爲不言惠公之入，晉之不言出入者，踊爲文公諱也。

何休解詁云：

獻公殺申生，文公與惠公恐見及，出奔，不子當絕，還入爲篡。文公功足以并掩前人之惡，故惠公入，懷公出，文公入，渾皆不書，悉爲文公諱故也，

此皆公羊家樂終之義也。疾始者，君子不成人之惡，欲其有惡而即改也。易曰：「履霜堅冰至由辨之不早辨也。」此公羊家所以疾始也。隱二年，春秋書曰，「無駭帥師入極」傳曰：

無駭者何？展無駭也。何以不氏？貶。曷爲貶？疾始滅也。始滅昉於此乎？前此矣。前此則曷爲始乎此？託始焉爾。曷爲託始焉爾？春秋之始也。

此以春秋不書展無駭之氏，以爲譏始滅也。隱二年書曰：『九月紀履緰來逆女』，傳曰：

外逆女不書。此何以書？譏。何譏爾？譏始不親迎也。始不親迎昉於此乎？前此矣。前此則曷爲始乎此？託始焉爾。曷爲託始焉爾？春秋之始也。

此以春秋書紀履緰之逆女，以爲譏始不親迎也。蓋春秋之義，卽小可以喻大，卽大可以喻小。是故於內小惡書，外小惡不書，大惡乃書者，正己而後正人之義也。隱十年傳曰：

春秋錄內而略外，於外大惡書，小惡不書；於內大惡諱，小惡書。

何休解詁云：

於內大惡諱，於外大惡書者，明王者起，當先自正，內無大惡，然後乃可以治諸夏大惡。內小惡書，外小惡不書者，內有小惡，適可以治諸夏大惡，未可以治諸夏小惡。明當先自正而後正人也。

然則据魯內魯則如此；推而大之，通春秋諸國，莫不如此；等而上之，卽天子之治天下，亦莫不如此也。此之謂卽小可以喻大。無駭之入極，紀履緰之不親迎，爲春秋之始惡，而春秋疾之；則等而下之，一國之始惡，亦莫不疾也；再等而下之，一人之始惡，亦莫不疾也。此之謂卽大可以喻小。蓋公羊家之意，以謂春秋者勸善止惡之書也。止惡故疾始之意重，而惡惡之念短；勸善故樂終之心切，而善善之情長。疾始則人懼於有過，惡惡也短，故人樂於改過；樂終則人樂於爲善，善善也長，故人易於爲善也。此公羊家善善惡惡之大旨也。非有得於三百篇溫柔敦厚之志，而能如是乎？宋儒謂有關雎麟趾之心，而後可以行周禮，推公羊家之說，則有三百篇溫柔敦厚之情，而後可以讀春秋。

公羊家哲學

經權說

公羊傳有行權之說，後之學者，或譏其尚權詐，從而非議之；予以爲此皆不善讀書之過也。公羊傳於桓公之專封，恆爲之發明經旨，一則曰「實與而文不與」（僖元年），再則曰「實與而文不與」（僖二年），三則曰「實與而文不與」（僖十四年），則其於經權之閒，何其愼邪？蓋所謂實與者，當時之權，不得不如是；不如是則滅亡之慘，更有不堪言者，故時不得不與也。所謂文不與者，垂諸文以爲後世法，君臣之道，職位所在，有不可專濫者也。蓋可以專爲善，卽可以專爲惡；

可以越職專封，卽可以越職專滅。故不與諸侯之專封，非固爲尊君抑臣，亦以明職位之權限而已。公羊家之重守經如此，惡得謂之尚權詐乎？今將傳中發明守經之義舉舉大者，揭櫫而論之，庶幾公羊行權之說，無害於正經，亦治公羊學者之要事也。

夫讓國者，春秋之所深善也。宋宣公不與其子而與其弟，其弟亦不予其子而反之兄子，其爲春秋所賢明甚然而隱三年經書曰：『癸未葬宋繆公』。

傳曰：

葬者曷爲或日或不日？不及時而日，渴葬也。不及時而不日，慢葬也。過時而日，隱之也。過時而不日，謂之不能葬也。當時而不日，正也。當時而日，危不得葬也。此當時，何危爾？宣公謂繆公曰：「以吾愛與夷則不若愛女；以爲社稷宗廟主，則與夷不若女；盍終爲君矣？」宣公死，繆公立。繆公逐其二子，莊公馮與左師勃曰：「爾爲吾子，生毋相見，死毋相哭。」與夷復曰：「先君之所爲不與臣國，而納國乎君者，以君可以爲社稷宗廟主也。今君逐君之二子，而將致國乎與夷，此非先君之意也。且使子而可逐，則先君其逐臣矣。」繆公曰：「先君之不爾逐，可知矣。吾立乎此攝也。」終致國乎與夷。莊公馮弑與夷。故君子大居正。宋之禍，宣公爲之也。

此以當時而曰以危之者，爲其事之非正經也。其守經之義如此。然宋繆之讓國，雖非正經，其比於爭國以相殺者，不已善乎？故桓二年經書曰：「宋督弑其君與夷。」經書宋督而傳特言莊公馮者，明經亦善其讓而爲之諱也。非爲莊公諱也，爲宣繆諱也。爲宣繆諱，所以成宣繆讓國之高也。然而爲賢者諱，傳亦妻言矣。爲宣繆諱獨不言者，爲其讓非正經也。其意雖善而其事不成，其爲善，倘以爲法則好名者法之，亦足致亂。故隱之而不言，唯出莊公以微見經之意而已。董子春秋繁露玉英篇論之甚詳，其言云：

宋督弒其君與夷，傳言莊公馮殺之，不可及於經，何也？曰：不可及於經，其及之端眇，不足以類鉤之，故難知也。傳曰：臧孫許與晉郤克同時而聘於齊。按經無有，豈不微哉？不書其往而有避也。今此傳言莊公馮，而於經不書，亦有以避也，是以不書聘於齊，避所羞也；不書莊公馮殺，避所善也。是故讓者春秋之所善，宣公不與其子而與其弟，其弟亦不與其子而反之兄子，雖不中法，皆有讓高，不可棄也。故君子爲之諱，不居正之謂避。其後也亂，移之宋督，以存善志。此亦春秋之義善無遺也。若直書其篡，則宣繆之高滅，而善之無所見矣。難者曰：爲賢者諱，皆言之，爲宣繆諱，獨不言，何也？曰：不成於賢也，其爲善不法，不可取，亦不可棄。棄之則棄善志也；取之則害王法。故不棄，亦不載，以意見之而已。「苟志於仁，無惡」，此之謂也。

董子所謂「善不法，不可取，亦不可棄」，此公羊家權衡於微眇以守經之說也。

公羊家最重得民衆心，桓十三年經書曰：「三月葬衞宣公。」董子春秋繁露玉英篇論之云：

非其位而即之，雖受之先君，春秋危之，宋繆公是也。非其位，不受之先君，而自即，春秋危之，吳王僚是也。雖然，苟能行善得衆，春秋弗危，衞侯晉以正書葬是也。俱不宜立，而宋繆公受之先君而危，衞宣公弗受之先君而弗危，以此見得衆心之爲大安也。

此以行善得民衆心，則雖非其位，而即之，亦謂之善也。然隱四年經書曰：「衞人立晉」傳發之曰：

其稱人何？衆之所欲立也。衆雖欲立，其立之非也。

何休釋之曰：

凡立君爲衆，衆皆欲立之，嫌得立無惡，故使稱人，明聽衆立之爲立篡也。

然則公羊家之意，以謂衆皆欲立而可以立者當時之權；而必明其立之之非者，恐後世藉口以行篡也。是蓋於不可之中著其可以明權，於可之中著其不可以明經。故宣十一年經書曰：「冬十月楚人殺陳夏徵舒。」傳發之曰：

此楚子也。其稱人何？貶。曷爲貶？不與外討也。不與外討者，因其討乎外而不與也。雖內討亦不與也。曷爲不與？實與而文不與。文曷爲不與？諸侯之義不得專討也。

此以春秋書楚人爲譏其專討也。然昭四年經書曰：「秋七月楚子蔡侯陳侯許男頓子胡子沈子淮夷伐吳，執齊慶封，殺之。」傳發之曰：

此伐吳也。其言執慶封何？爲齊誅也。其爲齊誅奈何？慶封走之吳，吳封之於防。然則曷爲不言伐防？不與諸侯專封也。慶封之罪奈何？脅齊君而亂齊國也。

然此不與專封，而不貶楚子爲楚人者，董子春秋繁露楚莊王篇論之曰：

> 楚莊王殺陳夏徵舒，春秋貶其文，不予專討也。靈王殺齊慶封，而直稱楚子何也？曰：莊王之行賢，而徵舒之罪重。以賢君討重罪，其於人心善，若不貶，孰知其非正經？春秋常於其嫌得者見其不得也。是故齊桓不予專地而封；晉文不予致王而

朝；楚莊不予專殺而討。三者不得，則諸侯之得不

待（原作殆，據注改作不待）貶矣。此楚靈王所以稱子而討也。

蓋靈王非賢君，不得專討，人所易知；而莊王賢君，懲

舒罪重，嫌於得討，故貶稱楚人以明其非正經也。蓋

於莊王去其子以著不得，則其他之不得可知。然則

於靈王雖不去其子，以著慶封之當討，而其不得專

討之義，仍隱然言外也。然傳猶慮人之疑於稱楚子

而予之，故於經不書伐防，而仍發明不與專討之義。

其斟酌經權之閒，別嫌明疑，以守經也如此。

且不義，世之所惡也。然昭十一年楚子虔誘殺

蔡侯，經書曰：「夏四月丁巳，楚子虔誘蔡侯般殺之

于申。」傳發之曰：

楚子虔何以名？絕。曷爲絕之？爲其誘討也。懷惡而討不義，君子不予也。（何休解詁云：蔡侯般弑父而立。）

夫蔡侯般之不義，人所共惡也。楚子討之，誰曰不宜？然出於誘而討，公羊猶不予，則其重經爲何如邪？

且惡人亦世之所惡也。然定十三年經書曰：「秋，晉趙鞅入于晉陽以叛。冬，晉荀寅及士吉射入于朝歌以叛。晉趙鞅歸于晉。」傳發之曰：

此叛也。其言歸何？以地正國也。其以地正國奈何？晉趙鞅取晉陽之甲，以逐荀寅與士吉射。荀寅與士吉射者曷爲者也？君側之惡人也。此逐君側之惡人，曷爲以叛言之？無君命也。

何休解詁云：

無君命者，操兵鄉國，故初謂之叛，後知其意欲逐君側之惡人，故錄其釋兵書歸赦之。君子誅意不誅事。

夫惡人固當討者也。當討而討，曷足爲叛？而非出於君命，則公羊家猶不予。蓋懼世之相攻有藉口於清君側者也。其持正不苟以守經也如此。

蓋嘗試論之：公羊家所貴之權，發於惻隱之心者也。於何見之？宣十四年經書「宋人及楚人平」。

傳曰：

外平不書。此何以書？大其平乎己也。何大其平乎己？莊王圍宋，軍有七日之糧爾，盡此不勝，將去而歸爾。於是使司馬子反乘堙而闚宋城，宋華元亦乘堙而出見之。司馬子反曰：「子之國何如？」華元曰：「憊矣。」曰：「何如？」曰：「易子而食之，析骸而炊之。」司馬子反曰：「嘻！甚矣憊！雖然，吾聞之也，圍者柑馬而秣之，使肥者應客，是何子之情也？」華元曰：「吾聞之君子見人之厄則矜之，小人見人之厄則幸之。吾見子之君子也，是以告情於子也。」司馬子反曰：「諾，勉之矣！吾軍亦有七日之糧爾，盡此不勝，將去而歸爾。」揖而去之反于莊王。莊王曰：「何如？」司馬子反曰：「憊矣！」曰：「何如？」曰：「易子而食之，析骸而炊之。」莊王曰：「嘻！甚矣憊！雖然，吾今取此，然後歸爾。」司馬子反曰：「不可，臣已告之矣，軍有七日之糧爾。」莊王怒曰：「吾使子往視之，子曷爲告之？」司馬子反曰：「以區區之宋，猶有不欺人之臣，可以楚而無乎？是以告之也。」楚王曰：「諾！舍而止。雖然，吾猶取此，然後歸爾。」司馬子反曰：「然則君請處于此，臣請歸爾。」莊王曰：「子去我而歸，吾孰與處於此？吾亦從子而歸爾。」引師而去之。故君子大其平乎己也。

董子春秋繁露竹林篇論之尤詳其言云：

司馬子反爲其君使，廢君命，與敵情，從其所請，與宋平，是內專政而外擅名也。專政則輕君，擅名則不臣，而春秋大之，奚由哉？曰：爲其有慘怛之恩，不忍餓一國之民，使之相食。推恩者遠之而大，爲仁者自然而美。今子反出己之心，矜宋之民，無計其閒，故大之也。難者曰：春秋之法，卿不憂諸侯，襄三十三年政不在大夫。子反爲楚臣而恤宋民，是憂諸侯也；不復其君，而與敵平，是政在大夫也。溴梁之盟，襄十六年信在大夫，而春秋刺之，爲其奪君尊也。平在大夫，亦奪君尊，而春秋大之，此所閒也。且春秋之義，臣有惡擅名美，故忠臣不顯諫，欲其由君出也。書曰：「爾有嘉謀嘉猷，入告爾后於內，爾乃順之於外。曰斯謀此猷，惟我君之德。」此爲人臣之法也。古之良大夫，其事君也皆若是。今子反去君近而不復，莊王可見而不告，皆以其解二國之難，若不得已也，奈其奪君名美何？此所惑也。曰：春秋之道，固有常有變，變用于變，常用于常，各止其科，非相妨也。今諸子所稱，皆天下之常，雷同之義也。子反之行，一曲之變，獨修之義也。夫目驚而體失其容，心驚而事有所忘，人之情也。通於驚之情，取其一美，不盡其失。詩云：「采葑采菲，無以下體。」

」此之謂也。今子反往視宋，聞人相食，大矜而哀之，不意之至於此也，是以心駭目動，而違常禮。禮者庶於仁，文質而成體者也。今使人相食，大失其仁，安著其禮？方救其質，奚恤其文？故曰：「當仁不讓。」此之謂也。春秋之辭，有所謂賤者，有賤乎賤者，夫有賤乎賤者，則有貴乎貴者矣。今讓者春秋之所貴，雖然，見人相食，驚人相爨，救之忘其讓，君子之道，有貴乎讓者，故說春秋者無以平定之常義，疑變故之大義，則幾可諭矣。

董子此文論春秋之義，有常有變，子反之處變，不忍一國之民，使之相食，故發其慘怛之情，而爲之平當其平之時，蓋已置一切利害之念於度外，而唯有惻隱之情盤鬱於胸際，故曰：「爲仁者自然而美」此所以賢而大之也。此所以貴乎權也。然雖賢而大之，而傳猶云：

此皆大夫也，其稱人何？貶。曷爲貶？平者在下也，

何休釋之云：

言在下者，譏二子在君側，不先以便宜反報歸美於君，而生事專平，故貶稱人。

斯則以子反華元之事，不足以爲常法；於褒之中，仍寓貶詞，則權之中有經矣。

且公羊家之權，貴其生於扶危救患者也。於何徵之？莊十九年經書曰『秋公子結媵陳人之婦于鄄，遂及齊侯宋公盟』。傳曰：

媵不書。此何以書？爲其有遂事書。大夫無遂事。此其言遂何？聘禮，大夫受命不受辭，出竟有可以安社稷，利國家者，則專之可也。

董子春秋繁露精華篇論之曰：

難者曰：春秋之法，大夫無遂事。又曰：出境有可以安社稷，利國家者，則專之可也。又曰：大夫以君命出，進退在大夫也。又曰：聞喪徐行而不反也。宣八年夫既曰無遂事矣，又曰專之可也；既曰進退在大夫矣，又曰徐行而不反也；若相悖然，是何謂也？曰：四者各有所處，得其所處，則皆是也；失其所處，則皆非也。春秋固有常義，又有應變。無遂事者，謂生平安寧也；專之可也者，謂救危除患也；進退在大夫者，謂將率用兵也；徐行而不反者，謂不以親害尊，不以私妨公也。故公子結受命往媵陳人之婦于鄄，道生事，從齊桓盟，春秋弗非，以爲救莊公之危；公子遂受命使京師，道生事之晉，僖三十年春秋非之，以爲是時僖公安寧無危。故有危而不專救，謂之不忠；無危而擅生事，是卑君也。故此二臣俱生事，春秋有是有非，其義然也。

蓋急於救危，則專與不專，有不暇計較者，亦所謂爲仁者自然而美也。故以權予之也。然亦防其有非救患，而妄以爲法者，故僖三十年經書曰：「公子遂如京師，遂如晉。」傳遂大書特書曰：

大夫無遂事。此其言遂何？公不得爲政。

則其疾之也甚矣。則又權之中有經焉矣。

且公羊家言權之說，所以大爲衆矢之的者，莫如賢祭仲之事。然吾以謂祭仲之事，如左氏之說，則祭仲死之，可也。如公羊氏之說，則祭仲之生，亦未爲不可也。然祭仲之心難明也。今且置其事勿論，而論公羊傳之大義。傳曰：

權者何？反於經然後有善者也。權之所設，舍死亡無所設。行權有道，自貶損以行權，不害人以行權。殺人以自生，亡人以自存，君子不爲也。

夫小人之所以爲權詐者，蓋將損人以利己而已。今曰「自貶損」，曰「不害人」，乃損己以益人者矣。豈小人之權所可同日而語乎？夫「殺人以自生，亡人以自存」，此真小人之權詐也。而傳曰君子不爲。則公羊家之權，又何傷於經乎？

蓋嘗試論之：公羊家之言權，雖似反經，而亦必在可以然之域，不在不可以然之域。故公子目夷設權救君，而公羊家予之；逢丑父設權生君，而公羊家恥之。諸侯父子兄弟不宜立而立者，公羊家視其國與宜立者無異；至於鄫取乎莒，則公羊家以爲滅。董子春秋繁露論此諸事甚詳，竹林篇云：

逢丑父殺其身以生其君，何以不得爲知權？丑父欺晉，祭仲許宋，（桓十一年）俱枉正以存其君。然而丑父之所爲難於祭仲，祭仲見賢而丑父尤見非，何也？曰：是非難別者在此。此其嫌疑相似而不同理者，不可不察。夫去位而避兄弟者，君子所甚貴；獲虜逃遁者，君子所甚賤。祭仲措其君於人所甚貴以生其君，故春秋以爲知權而賢之；丑父措其君所甚賤以生其君，春秋以爲不知權而簡之。其俱枉正以存君，相似也，其使君榮之與使君辱不同理。故凡人之有爲也，前枉而後義者，謂之中權，雖不能成，春秋賢之，魯隱公、鄭祭仲是也；前正而後有枉者，謂之邪道，雖成之，春秋不愛，齊頃公、逢丑父是也。

玉英篇云：

權雖反經，亦必在可以然之域，不在不可以然之域。故雖死亡，終弗爲也，公子目夷是也。故諸侯父子兄弟不宜立而立者，春秋視其國與宜立之君無異也。此皆在可以然之域也。至於鄫取乎莒，以之爲同居，目曰「莒人滅鄫」，此在不可以然之域也。故諸侯在不可以然之域者，謂之大德，大德無踰閑者，謂之正經。諸侯在可以然之域者，謂之小德，小德出入可也。

公羊家之辨於經與權之間，其嚴明如此，則其尚權之說，固不得謂爲尚詐也。孔子曰：「可與適道，未可與立；可與立，未可與權。」則權固非孔子之所惡，公羊家之尚權，原不悖孔子之恉者也。雖然，權與詐至相異而至相似者也。「差以毫釐，謬以千里。」善用之則爲君子之權，不善用之則爲小人之詐。守經之過，雖是愚人，不失爲君子，行權之過；雖爲智者，不免爲小人。天下之君子少，而小人多；則權之利天下少，而害天下也多。此爲公羊學者所宜知者矣。

公羊家哲學

災異說

古代帝王，以神道設教。神權之起，起於天文，故示字从古文上，从三垂。說文云：「天垂象，見吉凶，所以示人也。三垂，日月星也。觀乎天文，以察時變。示神事也。」神字从示从申。說文云：「天神引出萬物者也。」今按申卽古文電字。誠以天體高遠而難知。日月星之燦然陳於上者，尤古代思想之所不能明。屈原天問所謂「天何所沓？十二焉分？日月安在？列星安陳？」者也。既懷疑而不能明，故遂以爲非神莫屬，故遂由懷疑而生迷信矣。雷電之理，亦古人之所不解，而可以震擊人物，尤人類之所大畏，故亦由畏懼而生迷信。神字从申，申，申爲古文電字，蓋古代即以電爲神矣。由是一切天神地祇，人鬼之觀念以起。神權之觀念既起，而天文地理之事，又不能常而無變，日月之食雖有恆度，然亦以少見而以爲變異，故因其異者而驚懼之，此災異禍福之說所由起也。詩書所載，固甚正矣，然舜入大麓，烈風雷雨弗迷，堯以爲聖；周公居東，則天大雷電以風，禾盡偃，大木斯拔，見于金縢。詩曰：「正月繁霜，我心憂傷，民之訛言，亦孔之將。」又曰：「十月之交，朔日辛卯，日有食之，亦孔之醜，彼月而微，此日而微，今此下民，亦孔之哀。」此災異之說之見於經者也。

然古人因災異以戒懼修省，其用意亦甚善。故古代既有其事，古經卽不削其文而已。未嘗以經說災異之感應也。漢之儒者，喜言災異感應，大儒如董仲舒劉向之徒，尤工言焉。斯則漢代君權太重，故借天地神權，冀以稍殺君主之淫威，其立意固亦無惡。然流風所扇，學者趨之，遂以災異之感應說經，斯則錮蔽民智，窒塞眞理，不能不辭而闢之者矣。春秋記災異甚衆，然公羊之傳，亦不過言其爲災爲異而已，未嘗言其所以爲災所以爲異也。而何休解詁則傅會穿鑿以實之。如隱三年經書曰：「春王二月己巳日有食之。」傳曰：「何以書？記異也。」如是而已。而何休則曰：「異者非常可怪，先事而至者。是後衞州吁弒其君完，諸侯初僭，魯隱係獲，公子翬進諂謀。」是天以日食示警于人矣。隱五年經書曰：「螟。」傳曰：「何以書？記災也。」如是而已。而何休解詁則曰：「災者有害於人物，隨事而至者。先是隱公張百金之魚，設苛令急法，以禁民之所致。」是天以螟致災於人矣。隱九年經書曰：「癸酉大雨震電。」傳曰：「何以書？記異也。何異爾？不時也。」如是而已。而何休解詁則曰：「隱公久居位，不反于桓，失其宜也。」是天以雨雹告災于人矣。桓十四年經書曰：「御廩災。」傳曰：「御廩災，何以書？記災也。」如是而已。而何休解詁則曰：「火自出燒之曰災。先是龍門之戰，死傷者衆，桓無惻痛於民之心，不重宗廟之尊，逆天危先祖，鬼神不饗，故天應之以御廩災」，是天以火致罰于人矣。莊七年經書曰：「夏四月辛卯夜，恆星不見，夜中，星隕如雨。」傳曰：「何以書？記異也。」如是而已。而何休解詁則曰：「時天子微弱，不能誅衞侯朔，是後遂失其正，諸侯背叛，王室日卑」，是天以星示兆于人矣。僖十四年經書曰：「秋八月辛卯，沙鹿崩。」傳曰：「外異不書，此何以書？爲天下記異也。」如是而已。而何休解詁則曰：「齊桓將卒，霸道毀，夷狄動，宋襄承其業，爲楚所敗之應」，是天以地示警于人矣。諸如此類，不勝枚舉，凡經之所書，傳申之曰：記災記異，可也，何也？災者，君子之所當恤，異者君子之所當攷也。若必實之曰：前者爲某事，後者爲某事，一似天之于人，如同官長，而日月星辰爲之獄吏也者，嗚呼？其亦不知天之廣大而已。今試於晴夜之閒，舉首仰望，則見燦然於天空者，非恆河沙之星也邪？凡此羣星，有屬太陽系者焉，有非太陽系者焉。今即先就太陽系而論，計其里數已相去至遠，設自海皇星軌道之一端，放砲彈至於軌道之彼端，約須五百年之久而後能達，（見湯姆生科學大綱談天）其廣大爲何如邪？除太陽系數游星外，其餘皆與太陽相同之恆星也。今止就人眼所能見者蓋已四五千矣。若以望遠鏡觀之，無慮大數當在二千萬以上。其衆多爲何如邪？今若欲問此等恆星，距地之遠，則請以光線之速度計之。據物理家言，光線一秒鐘能行四十五萬里，（日本里七萬五千里每一日本里合中國六里）即就其最近者言之，其光線之達于地球，亦當歷四年之久，次遠者則當六年半，其廣大已不可思議，況其遠者其光線至地，當歷數千年之久，其廣大更爲何如邪？此就望遠鏡所能見已如此，其不能見者更何如邪？然則以太陽比諸天空，則太陽系亦不過如幾何學之一點，止有位置可想象，而無小大之可論矣。（略見日本丘淺治郎所著進化與人生）其視地球當何如邪？夫以太陽之於天，尚無算於有無，則太陽系諸行星之行動，亦無算於天之有無也明矣。況吾人之一舉一動之微乎？天又烏得寸寸而度之，銖銖而稱之哉？且人之於地球，渺焉之一物耳。計太陽之大于地球，約當三十三萬三千四百三十二倍。其視於人也，曾不可與毫末之與馬體同論。今譬有一犬羊之觸犯於吾人，則吾人以一竹一木威之足矣。何必驅大兵，運大礮以臨之。今即假令天果有賞罰於吾人，又何至舉此如許大之日星以臨一渺焉之人哉？此日食星隕之無關于天之感應也審矣。其他風雨之變，舉可從此推知矣。善乎曾國藩之稱曰：三家之市，利析錙銖，或百錢逋負，怨及子孫。若通闤貿易，瓌貨山積，動逾千金，則百錢之有無，有不暇計較者矣，富商大賈，黄金百萬，公私流衍，則數十百緡之費。有不暇計較者矣。均是人也，所操者大，猶有不暇計較其小者。況天之所操猶大，而於世人毫末之善，口耳分寸之學，而一一謀所以報之，不亦勞哉？曾氏之言，謂以天能報福於人之説之妄也，反之，則罰禍者亦妄矣。況乎今日自然科學已大進步。昔人所疑爲神祕之事，今已多能明之。如日食則因日光爲月球所掩，不能見其光明，但見日暈於日球之四周，高於日球之表數百兆里，爲銀色之光芒，故頗可怪異耳。其實有一定之數，可推測而知，初無可怪異也。至於莊七年星隕如雨，及文十四年有星孛入於北斗之類，孛卽彗星也。彗星與隕星，據天文學家言，則天空之一種流星而已。流星本鐵石之質，飛入空氣，與空氣摩盪，由是而生熱，而然燒。其飛行之速，約每秒鐘二三十英里，至離地七八十英里之處，則焚化殆盡矣。約計此等流星，撞入空氣，而被焚化之數，每日當在千萬與萬萬之間。惟小者不能見，大者乃能見之耳。凡天空之際，太陽系範圍之內，流星之數均甚夥，散者名爲流星；成隊者則世所謂彗星也。春秋言星隕如雨，卽流星之多而亂落者。此等異象，西曆一千七百九十九年十一月十二夜美洲亦曾見之，後一千八百三十三年十一月十二夜及一千八百六十六年十三夜，歐洲亦曾見之。據歐洲古時記錄，則西曆九百二年，九百三十一年，一千零二年，一千一百零一年，一千二百零二年，一千三百三十六年，一千五百三十三年，一千六百零二年，一千六百六十九年，皆曾見之。此其年數均似頗有一定，故歐洲今日之流星，天文家均已能爲之預測。（見某氏異聞錄）則其不關於人之感應可知矣。彗星之爲物，則尤爲吾國所駭異。其長或數千里，此大隊之質體，受太陽之攝力，環繞太陽而行，每秒鐘約行三四百英里。其最大者如一千八百八十三年所見，長約二一萬萬英里。惟質極稀薄。十九世紀中地球曾爲彗星之尾所觸二次，亦無大影響。（湯姆生談天）夫至地者尚不能爲災，則其遠者之不能災者審矣。若夫風雨雷電雪雹之事，則關於地球之水陸及地面之空氣所受太陽之熱度，時有變異之故。今設地面之一處受熱較多，則其温度必較附近爲高。温度高則體積必擴大，而使上層之空氣受重大之壓力。故上層之空氣不得流於他方之氣壓較低者。他方之上層，既受此加入之空氣，則其近地面之氣壓亦必因而增。加故卒之始在地面受熱較多之處，其氣壓反較四旁爲低。遂使地面之空氣，均向温度較高之處而流行焉。如是流行不息，是名爲風。空氣既因熱而上升，則氣壓低減，體積擴大，而温度因以下降。空氣中，原有之水氣，乃不復能包涵於其中。于是遂凝結而出，初爲雲霧，繼遂下隊，是名爲雨。至於冬季水氣凝結之時，空氣温度，若適在冰點以下，則結成如鹽之體，而下降，是名爲雪。雨之中原含電子，相摩相擊，電氣放射，其轟然之聲，是名爲雷；閃然之光，是名爲電。空中既有雨水，忽遇狂風，卷之上升，遇冷而凝結成冰，如是風則時上時下，冰則忽升忽降；降則外霑雨水，升則雨水復凝而爲冰，及其降至於地，則爲若干層相包之形，是名爲雹。然則風雨雷電雪雹之類，乃自然界之現象，稍明物理者類能知之。雖有時足以爲災，而亦非神靈之所使令，人物之所感應也，明矣。在孔子之時，科學未興，未明厥理，故以其異者書之於經。然非以爲祲祥也。書日食星隕之異，以攷天文；書風雨雪雹之變，以恤民患而已。其書多麋多蜚，則留心于博物學而已。其書沙鹿崩，則留心於地理學而已。漢世儒者，暗於科學，未明經指，故何休釋公羊傳亦遂多迷信傅會之說。斯亦無足深責者。今則科學大明，祲祥感應之說，宜其可以除矣。而世猶多陷溺而不能自拔，非所謂大惑易性者歟？而近世之爲公羊者，其說尤爲怪誕不經，多可憫笑。此真公羊學之不幸，未必非何氏有以開之也。吾懼今後之人尚有惑於何氏之說，重爲公羊學之厄也，故爲著是篇，以匡之云爾。

公羊家哲學

傳述考

自孟子言孔子作春秋，後世學者皆信之。至宋王安石始有詆爲斷爛朝報之說，大爲學者所譁笑。至今則疑古之風方熾，春秋之非孔子作，多爲新學所共認。此事余別有考，非玆編所重，今不贅論。謹略述諸家之說，以明公羊學之傳述而已。

史記儒林列傳云：

夫周室衰而關雎作，幽厲微而禮樂壞，諸侯恣行，政由彊國。故孔子閔王路廢而邪道興，於是論次詩書，修起禮樂，適齊聞韶，三月不知肉味，自衞反魯然後樂正，雅頌各得其所。世以混濁莫能用。是以仲尼干七十餘君無所遇，曰：苟有用我者，期月而已矣。西狩獲麟，曰：吾道窮矣。故因史記作春秋，以寓王法。其辭微而指博，後世學者多錄焉如史記所言，春秋爲孔子作，學者多傳錄，則傳春秋者之衆多可知也。漢書藝文志云：

仲尼思存前聖之業，中略以魯周公之國，禮文備物，史官有法，故與左丘明觀其史記，據行事，仍人道，因興以立功，就敗以成罰，假日月以定曆數，藉朝聘以正禮樂，有所褒諱貶損，不可書見，口授弟子，弟子退而異言。丘明恐弟子各安其意，以失其真，故論本事而作傳，明夫子不以空言說經也，春秋所貶損大人當世君臣有威權勢力，其事實皆形於傳。是以隱其書而不宣，所以免時難也。及末世口說流行，故有公羊穀梁鄒夾之傳。四家之中，公羊穀梁立於學宮，鄒氏無師，夾氏未有書。

據漢書藝文志，則漢初春秋之傳，唯有五家；一左氏，二公羊，三穀梁，四鄒氏，五夾氏而已。而鄒夾二家之說，後世亦無傳者。故實唯左氏公羊穀梁三家而已。清儒廖平謂春秋爲魯史之舊，經是孔子所修，傳爲子夏所傳，魯曰穀梁，齊曰公羊，皆卜商之異文，亦爲臆說，不足徵信者也。公羊之傳授，各書均有記述，以清四庫全書總目言之較備。其言曰：

漢書藝文志公羊傳十一卷，班固自注曰：公羊子，齊人。顏師古注曰：名高。徐彥疏引戴宏序曰：子夏傳與公羊高，高傳與其子平，平傳與其子地，地傳與其子敢，敢傳與其子壽。至漢景帝時，壽乃與齊人胡母子都著於竹帛。何休之注亦同。今觀傳中有子沈子曰，子司馬子曰，子女子曰，子北宮子曰，又有高子曰，魯子曰，蓋皆傳授之經師，不盡出於公羊子。定公元年傳，「正棺於兩楹之間」二句，穀梁引之，直稱沈子，不稱公羊，是併不著姓氏者，亦不盡出公羊子，且併有子公羊子曰，尤不出於高之明證。知傳確爲壽撰，而胡毋子都助成之。舊本首署高名，蓋未審也。又羅壁識遺稱公羊穀梁自高赤作傳外，更不見有此姓。萬見春謂皆姜字切韻脚，疑爲姜姓假託。案鄒爲邾婁，披爲勃鞮，木爲彌牟，殖爲舌職，記載音譌，經典原有是事。至弟子記其先師，子孫述其祖父，不必竟至迷本字，別用合聲。壁之所言，殊爲好異。至程端學春秋本義，竟指高爲漢初人，則講學家臆斷之詞，更不足與辨矣。

據此則公羊傳非一人之書，謂之公羊家之書可也。

傳公羊學者，史記儒林傳云：

言春秋於魯自胡毋生，於趙自董仲舒。

又云：

董仲舒，廣川人也，以治春秋，孝景時，爲博士。下帷講誦，弟子傳以久次相受業，或莫見其面，蓋三年董仲舒不觀於舍園，其精如此。進退容止，非禮不行，學士皆師尊之。今上卽位，爲江都相，以春秋災異之變，推陰陽所以錯行，求雨閉陽縱諸陰，其止雨反是，行之一國，未嘗不得所欲。中廢爲中大夫，居舍，著災異之記。是時遼東高廟災，主父偃疾之，取其書奏之天子。天子召諸生示其書，有刺譏。董仲舒弟子呂步舒不知其師書，以爲下愚。於是下董仲舒吏，當死。詔赦之。於是仲舒竟不敢復言災異。董仲舒爲人廉直，是時方外攘四夷，公孫弘治春秋不如董仲舒，而弘希世用事，位至公卿。董仲舒以弘爲從諛，弘疾之，乃言上曰：獨董仲舒可使相膠西王。膠西王素聞董仲舒有行，亦善待之。董仲舒恐久獲罪，疾免。居家至卒，不治產業，以修學著書爲事。故漢興至於五世之閒，唯董仲舒名爲明於春秋，其傳公羊氏也。

又云：

胡母生，齊人也，孝景時爲博士，以老歸教授，齊之言春秋者多受胡母生，公孫弘亦頗受焉。

史記於董仲舒言其傳公羊；於胡毋生胡毋子都雖未明言，然何休公羊解詁序言「往者略依胡毋生條例，多得其正」，戴宏序亦言「壽與弟子胡毋子都著於竹帛」，則子都亦傳公羊學者也。胡毋生之書今不傳，董仲舒之說尚存十七卷，名曰春秋繁露，清四庫總目云：

繁或作蕃，蓋古字相通。其立名之義不可解，中興館閣書目謂繁露冕之所垂，有聯貫之象。春秋比事屬辭，立名或取諸此。亦以意爲說也。其書發揮春秋之旨，多主公羊，而往往及陰陽五行。考仲舒本傳，蕃露、玉杯、竹林皆所著書名，而今本玉杯竹林乃在此書之中。故崇文總目頗疑之，而程大昌攻之尤力。今觀其文，雖未必全出仲舒，然中多根極理要之言，非後人所能依託也。

今按其書論春秋之旨，發明公羊家言甚多精語。史記太史公自序述董生之言曰：

周道衰，孔子爲司寇，諸侯害之，大夫壅之。孔子知言之不用，道之不行也，是非二百四十二年之中，以爲天下儀表，貶天子，退諸侯，討大夫，以達王事而已。子曰：我欲載之空言，不如見之行事之深切著明也。夫春秋上明三王之道，下辨人事之紀，別嫌疑，明是非，定猶豫，善善惡惡，賢賢賤不肖，

存亡國，繼絕世，補敝起廢，王道之大者也。易著天
地陰陽四時五行，故長於變；禮經紀人倫，故長於
行；書記先王之事，故長於政；詩記山川谿谷禽獸
草木牝牡雌雄，故長於風；樂樂所以立，故長於和；
春秋辨是非，故長於治人。是故禮以節人，樂以發
和，書以道事，詩以達意，易以道化，春秋以道義。撥
亂世反之正，莫近於春秋。春秋文成數萬，其指數
千，萬物之散聚皆在春秋。春秋之中，弒君三十六，
亡國五十二，諸侯奔走不得保其社稷者不可勝
數。察其所以，皆失其本已。故易曰：「失之豪釐，差
以千里。」故曰：「臣弒君，子弒父，非一旦一夕之

故也。其漸久矣。」故有國者不可以不知春秋，前有讒而不見，後有賊而不知；爲人臣者不可以不知春秋，守經事而不知其宜，遭變事而不知其權，爲人君父而不通於春秋之義者，必蒙首惡之名；爲人臣子而不通於春秋之義者，必陷篡弑之誅，死罪之名。其實皆以爲善爲之，不知其義，被之空言而不敢辭。夫不通禮義之旨，至於君不君，臣不臣，父不父，子不子。夫君不君則犯，臣不臣則誅，父不父則無道，子不子則不孝。此四行者天下之大過也。以天下之大過予之，則受而弗敢辭。故春秋者禮義之大宗也。夫禮禁未然之前，法施已然之後法之所爲用者易見，而禮之所爲禁者難知。
此說也，清儒皮錫瑞甚稱之，其言曰：
太史公述所聞於董生者，微言大義。兼而有
之以禮說春秋，尤爲人所未發。春秋撥亂反正，道
在別嫌明微。學者知春秋近於法家，不知春秋通
於禮家，知春秋之法足以治已然之亂臣賊子，不
知春秋之禮足以禁未然之亂臣賊子。
此董仲舒公羊學之大略也。至於後漢有何休，亦治
公羊學。後漢書儒林傳云：
何休，字邵公，任城樊人也。休爲人質朴訥口
而雅有心思，精研六經，世儒無及者；以列卿子詔

拜郎中，非其好也，辭病而去。不仕州郡，進退必以禮，太傅陳蕃辟之，與參政事，蕃敗，休坐廢錮，迺作春秋公羊解詁，覃思不窺門十有七年。又注訓孝經論語，以春秋駁漢事六百餘條，妙得公羊本意。休善曆算，與其師博士羊弼，追述李育意，以難二傳，作公羊墨守，左氏膏肓，穀梁廢疾。

今墨守等不傳，唯解詁尚在。其自序云：

昔者孔子有云，吾志在春秋，行在孝經。此二學者，聖人之極致，治世之要務也。傳春秋者非一，本據亂而作，其中多非常異義可怪之論，說者疑惑。至有倍經任意，反傳違戾者。其勢雖問，不得不廣。是以講誦師言，至於百萬，猶有不解，時加釀嘲辭，援引他經，失其句讀，以無爲有，甚可閔笑者，不可勝記也。是以治古學貴文章者，謂之俗儒。至使賈逵緣隙奮筆，以爲公羊可奪，左氏可興，恨先師觀聽不決，多隨二創。此世之餘事，斯豈非守文持論敗績失據之過哉？余竊悲之久矣。往者略依胡毋生條例，多得其正。故遂隱括使就繩墨焉。

其所謂非常可怪之論，卽新周王魯之說，卽倡言革命之大義者也。後世學者，多非之，以謂其說不根之甚，而清人康有爲則云：

史遷稱春秋文成數萬，其指數千。孟子稱春

秋爲天子之事。今公穀二傳所傳，大義僅二百餘條，則其指數千安在？且亦未見其爲天子之事也。董子醇儒。爲公羊學，而稱春秋非常異義，多出公羊外，與胡母生之傳於何休全合，與穀梁家之劉向亦合，與孟子亦合。董子豈杜撰者哉？何君亦豈及此哉？蓋皆七十子後學口傳於孔子，故自然相合爾。其傳春秋改制，當新王繼周之義，乃見孔子爲教主之證。尤要者，據亂升平太平三世之義，幸賴董何傳之口說之未絕，今得一線之僅明者，非此乎？今治大地升平太平之世，孔子之道，猶能範圍之。若無董何口說之傳，則布於諸經，率多據亂之義，孔子之道不能通於新世矣。今人聞升平太平之義，猶尚驚怪，況在孔子之世，故必不能筆之於書，惟有傳之於口。乃至公穀先師寫傳，亦只能將其據亂大義寫之；其升平太平異義，爲非常可怪，不能寫出也，亦只得口傳弟子。故見於董何極詳，而公穀反若無之。夫以升平太平之異義，範圍後世，非聖者不能作之，豈漢諸儒之篤謹能爲之哉？蓋董何時，孔道益光大，故又不妨將所傳口說，稍寫出之也。試觀後世之攻公穀者，曰公羊以廢君爲行權，是神器可得而闚也；以妾母爲夫人，是嫡庶可得而齊也。穀梁以拒父爲尊祖，是爲子可得而叛也；以不納子糾爲內惡，是仇讎可得而容也。若此之類，傷教害義，不可強通，此范甯述漢晉以來儒先之公論也。范甯又曰：凡傳以通經爲主，經以必當爲理。夫至當無二，既不俱當，擇善而從，得不據理以通經乎？凡其所持，皆據亂之義也。孔子立法，豈爲一時？無論湯武順人，不使一人肆於民上。若今美法之總統，瑞士之議長，豈有君臣？更何廢立？豈有神器？更何闚盜？若以范甯之倫聞之，不止驚爲傷教害義而已。

康氏以孔子作春秋，微言大義，盡在口說，至董何而後稍稍著之，以明董何之學，塙爲孔子之真傳，以明

不根之不足爲病，此亦未足以服學者之心也。何休之解詁，最爲詬病者，莫如讖緯之說，吾嘗著有恕何篇，今錄之如下，

漢儒好說讖緯，以謂孔子爲漢制作。班固典引云：『陶唐舍胤而禪有虞，有虞亦命夏后，稷契熙載，越成湯武，股肱既周，天迺歸功元首，將授漢劉，俾其承三季之荒末，值亢龍之災孽，縣象闇而恆文乖，彝倫斁而舊章缺，故先命玄聖，使綴學立制，宏亮洪業，表相祖宗，贊揚迪哲，備哉粲爛，真神明之式也。』班氏大儒，說尚如此，則當時學者風氣，蓋可知矣。故何休作公羊解詁亦不能不用其

說，其於桓三年正月則注云：『明春秋之道，亦通於三王，非主假周，以爲漢制而已。』於哀十四年，「春西狩獲麟」，傳曰：孔子曰：『孰爲來哉？孰爲來哉？反袂拭面涕沾袍。』則注云：『夫子素案圖錄，知庶聖劉季當代周，見薪采者獲麟，知爲其出。何者？麟者木精。薪采者庶人然火之意，此亦赤帝將代周居其位，故爲薪采者所執。西狩獲之者，從東方王於西也。東卯西金，象也。言獲者兵戈文也。言漢與卯金刀以兵得天下。又先是螺蟲冬蛹，彗金精帚日，置新之象，夫子知其將有六國爭强，從橫相滅之敗，秦項驅除，積骨流血之虐，然後劉氏乃帝，深閔民之離害甚久，故豫泣也。』又云：『絶筆於春，不書下三時者，起木絶火王，制作道備，當授漢也。』又云：『得麟之後，天下血書魯端門曰：「趨作法，孔聖沒，周姬亡，彗東出，秦政起，胡破術，書記散，孔不絶。」子夏明日往視之，血書飛爲赤烏，化爲白書，署曰演孔圖，中有作圖制法之狀。孔子仰推天命，俯察時變，卻觀未來，豫解無窮，知漢當繼大亂之後，故作撥亂之法，以授之。』其說之怪誕如此，後之好異者多宗之。而公羊之學遂反爲識者所詬病，而不知其非公羊之過，而何氏曲說之過也。善哉！吾師唐蔚芝先生之言曰：讖緯之說，怪妄豈足憑信？傳文並無標新領異之事，乃邵公壹意穿鑿，如注西狩獲麟一段云云，是獲麟之事，直爲妖孽。公羊咎於讖，豈誣至此乎？其歸過於何氏而不罪公羊，當矣。而吳江江衡則云：邵公之注公羊，支離傅會，壹意諂漢，不辭侮孔，漢儒多以治經起家，休直借春秋爲干祿之計，可謂屈經從己。其詆何氏可謂至矣。余向讀解詁，亦甚不滿於此，故亦頗以江說爲然。及細籀後漢書何休傳云：『休爲人質朴訥口，而雅有心思，研精六經，世儒無及之者。以列卿子召拜郎中，非其好也，辭病而去，不仕州郡，進退必以禮，作春秋公羊解詁，覃思不窺門十有七年，以春秋駁漢事六百餘條，妙得公羊本意。』夫以不仕州郡，進退必以禮之人，豈宜有屈經干祿之事邪？以引春秋駁漢事至六百餘條之人，豈宜有一意諂漢之事邪？以覃思不窺門十七年之人，豈宜有此怪誕不通之說邪。是吾所大惑不解者也。及讀桐城吳汝綸書，而後釋然於此。此又非何氏之罪，而後世不善讀何氏之書之過也。吳之言曰：『孫況揚雄，傳所稱大賢，其箸書皆以成名乎後世，而孫卿書稱說春申，法言歎安漢公之懿，皆干世論之不避，載而以告萬世者，世以此頗怪之。吾則以謂凡箸書君子不自得於時者之所爲作也。而所以不自得者，君子之道不枉實以諛人，而當世貴人在執者，必好人諛己；十人諛之，一人不諛，則貴人惡其傲己，十人者惡其異己；貴人與貴人比肩於上，十人與十人比肩於下，上惡其傲，下惡其異，雖窮天地橫四海而無與容吾身，吾且於書何有？於此有在勢者雖甚惡之，而猶敬乎其名，而不之害傷，則君子俛嘿而就容焉，而以成吾書。而是人也，雖敬乎其名，固前知其不諛己也，聞有書則就求而亟觀焉，察其褒譏所寓，得其疑且似者，且曰此謗我也，此怨非我也，則從而齮齕之。蓋必其章章然稱道嘆羨我也，夫乃

始慭置而相忘焉。彼君子也，其志潔，其行危，其不
枉實而誣人衆，著於天下後世。乃其爲書，則往往
詭辭繆稱，譎變以自亂，以爲吾意之是非，讀吾書
而可以自得，安取彼訔訔察察者爲？嗟乎此蓋君
子所遭之不幸，其用意至可悲，而詩三百篇，所爲
主文而譎諫，孔子之春秋，所爲定哀之際微辭者
也。楚兩龔，孔北海，禰正平之徒，背而易之，乃卒會
禍殃，至死不悟，豈不哀哉？」 其說善矣。吾嘗以此
說推原何氏之心，而有得焉，蓋孔子之作春秋，深
寓革命之旨，公羊得之而未嘗暢言之；至何氏而
後始大發其說，提倡革命，其魄力之大，實古來所

罕有，在君主專制時代，持此種學說，實君主之所
大忌。史記儒林列傳，「轅固生與黃生爭論景帝
前，黃生曰：「湯武非受命，乃弒也。」轅固生曰：「
不然，夫桀紂虐亂，天下之心皆歸湯武，湯武與天
下之心而誅桀紂，桀紂之民不爲之使，而歸湯武，
湯武不得已而立，非受命而何？」黃生曰：「冠雖
敝，而必加於首；履雖新，必關於足；何者？上下之分
也。今桀紂雖失道，然君上也；湯武雖聖，臣下也。夫
主有失行，臣下不能正言匡過，以尊天子，反因過
而誅之，代立踐南面，非弒而何也？」轅固生曰：「
若必若所云，是高帝代秦，即天子之位，非邪？」於

是景帝曰：「食肉不食馬肝，不爲不知味；言學者無言湯武受命不爲愚。」遂罷。是後學者毋敢言受命放弒者。」此事最足以見專制政府之隱衷。誠以言湯武爲非，則過及於高祖；以湯武爲是，則革命之事，又漢家之所大忌也。而何休解詁乃盛言新周王魯等革命之學說，而無所諱；倘無一二頌漢之言，則漢之君臣見其書有不指爲倡亂謀逆者邪？夫君子爲人所忌，雖或無大譏刺，行殊乎衆，尚恐不免於患，如吳氏之所云云者。況乃倡言革命，而無所隱邪？恐言不旋踵而誅其身滅其書矣。故不得不稍用俗說，以文飾之。蓋以爲吾著書之指，苟可以傳於天下後世，則此區區之俗說，固不足爲害，而知言者亦必有以知吾之用心云爾。嗚呼！此其何氏著書之苦心孤指也與？則其過也，斯可恕矣。吾特表而出之，以告世之讀何氏書者，知何氏之苦心，不爲何氏之說所誤，而有以原其過也。

何氏解詁有徐彥疏，阮元春秋公羊傳注疏校勘記序云：

徐彥疏，唐志不載，崇文總目始著錄，亦無撰人名氏。宋董逌云「世傳徐彥所作，其時代里居不可得而詳矣。」光祿寺卿王鳴盛云：「郎北史之徐遵明」不爲無見也。蓋其文章似六朝人，不似唐人所爲者。

然清四庫全書總目則定爲唐人，其言云：

彥疏唐志不載，崇文總目始著錄，稱不著撰人名氏。或云：徐彥。董逌廣川藏書志亦稱世傳徐彥，不知時代。意其在貞元長慶之後。考疏中邲之戰一條，猶及見孫炎爾雅注完本，知在宋以前。又葬桓王一條，全襲楊士勛穀梁傳疏，知在貞觀以後。中多自設答問，文繁語複，與邱光庭兼明書相近，亦唐末之文體。董逌所云，不爲無理，故今從逌之說，定爲唐人焉。

然韓愈遺殷侍御書云：

近世公羊學幾絕，何氏注外，不見他書。聖經賢傳，屏而不省。要妙之義，無自而尋。非先生好之樂之，味於衆人之所不味，務張而明之，其孰能勤勤綣綣若此之至？固鄙心之所最急者，如遂開釋，章分句斷，其心曉然，直使序所注，掛名經端，自託不腐，其又奚辭？

韓愈爲貞元長慶閒人，尚云何氏注外，不見他書，而望人之講明如此之殷，則徐彥書當在韓氏後無疑也。殷侑之書，今已不存，公羊之說，久成絕學。至清孔廣森始著公羊通義。漢學師承記云：

孔廣森，字衆仲，一字撝約，又字顨軒，曲阜人，年十七，中乾隆戊子科舉人，辛卯成進士，官檢討，卒年三十有五。少受經於東原氏，爲三禮及公羊春秋之學。

其公羊通義自序謂「將袪何氏之惑，歸於大通，輒因原注，存其精粹，删其支離，破其拘窒，增其隱漏，冀備一家之言」云云。近世學者深韙其書，以謂勝於何氏，蓋惡何氏之非常異義也。

其他如莊存與、莊述祖、劉逢祿、宋翔鳳、陳立、皮錫瑞均以公羊名家，至廖平、康有爲說尤奇詭。公羊學之流派，至是遂益失其本真矣。以非茲編所取，故略不論焉。

惟余末學，頗思紹明古學，閔前賢之書，散無統紀，曾作公羊微言大義，其自序篇云：

六經皆孔子所刪訂，然於易止爲之傳，於詩書止爲之刪次，於禮樂則止爲之修明，惟于春秋則雖因魯史舊文，而發凡起例，褒貶見意，則爲聖心獨裁，故雖游夏之徒，不能贊一辭，則其微言大義之寄乎字句詳略閒者，蓋可知矣。故欲明孔子之微言大義，莫要於明春秋；欲明春秋，莫要於通其義例。而後之治左氏者，猥謂春秋無特筆，襲舊史之文，承赴告而書，欲持是而排公穀，申左氏。不知隱元年經書曰；「鄭伯克段于鄢，」左氏傳云：「段不弟，故不言弟；如二君，故曰克；稱鄭伯，譏失教也；謂之鄭志，不言出奔，難之也。」杜預注云：「傳言夫子作春秋，改舊史以明義。不早爲之所，以養成其惡，故曰失教。段宜書出奔，而以克爲文，明鄭伯志于殺，難言其奔。」然則左氏非不言春秋爲孔子特筆，治左氏者如杜預，亦不能不認春秋之有特筆也。又隱元年經書曰：「公子益師卒。」左氏傳曰：「公不與小斂，故不日。」杜預注云：「傳例云云，所以示厚薄也。春秋不以日月爲例，惟卿佐之喪，獨紀日以見其義者，事之得失，既未足以褒貶人君，然亦非死者之罪，無辭可以寄文；而人臣之輕賤，死日可略，故特假日以見義。」夫既曰假日以見義，則非日月之例而何？然則左氏非不言日月例；治左氏者如杜預，雖欲强言無日月例，亦不可得矣。夫漢之諸儒治左氏者，如賈服諸家，雖與公羊或異，然靡不發明春秋之特筆，惟杜預獨欲一掃而空之。然今觀其言，猶如前之所云，則謂春秋無聖人深意，豈不誣哉？是故莊七年經書曰：「星隕如雨。」公羊釋之曰：「不脩春秋曰：雨星不及地尺而復。君子脩之曰：星隕如雨。」則未脩春秋之文，與既脩春秋之文，其異同猶可得而考，何謂因舊文而已哉？隱元年經書曰：「紀子伯莒子盟于密。」公羊傳曰：「紀子伯者何？無聞焉爾。」桓十四年經書曰：「夏五鄭伯使其弟語來盟。」公羊傳曰：「夏五者何？無聞焉爾。」孔子曰：「吾猶及史之闕文。」公羊之無聞，猶是意也。夫以「夏五」「杞子伯」之易于臆說，而公羊以師說失傳之故，尚不敢從而爲之辭，則其多聞缺疑之義，蓋恪守孔門舊訓，其所引不脩春秋之文，必非向壁虛造之說。審乎此，則孔子脩春秋之說定；則孔子脩春秋爲因舊史之事，而不因舊史之文，其說亦定；則傳公羊之鼻祖，其必及見孔子之所修與舊史之異同，其說亦定，則傳公羊之學者，信以傳信，疑以傳疑，必非無根之談，其說亦定；則春秋爲孔子特筆，凡一切書不書之例，皆有新意，其說亦定而不可破矣。善乎孔顨軒之言曰：「君弒賊不討，不書葬，以義治也；君弒，子不言卽位，以仁治也。二者並是春秋新意。俗儒猥云：不行卽位之禮，故不書。今皆据事直書而已，將不書葬者，亦可謂尸柩實未瘞乎？」其言至精，後之言春秋無特筆者，雖百喙莫辨也。余自趨庭受教，篤好是經，嘗以左氏之事，公穀之例，以求聖人之指，嘗作春秋三傳异同平，以明三家異同之本，不能執一以廢二，尤愛何邵公之注公羊，以謂胡毋生之條例，猶存于今；孔子之異義，斯可考見。邵公所謂非常異義可怪之論謂孔子新意而世儒見之則以爲非常怪異之說也前乎何君之書，有董相之繁露；後乎何君之注，有孔氏之通義：皆麟經羽翼，孤家絕學，雖與何君間有異同，而大氐皆足相發。是故居常講論，既恆以三傳治經，而又以三子之書碍公羊之傳。嘗慨何君解詁雖存，而義例散見于經注，學者未易尋索，前儒所釋，又多不能佉除俗見，頗近怪誕。爰發憤而箸此十五篇之文，采三子之精華，通公羊之傳例，以明春秋之特筆。由是而聖經之微言大義，可麤得而述，而聖人匡救天下後世之孤指，亦昭然大白矣。恭惟春秋，撥亂反正，亂賊肆恣，獨夫驕横，物窮則變，斯惟革命，述革命篇第一。惟茲革命，乃起羣雄，羣龍無首，孰爲之宗？不殺能一，統一是崇，述統一篇第二。革命非艱，統一惟艱，羣雄割據，生民是殘，不戢自焚，使我心酸！述弭兵篇第三。兵之不戢，豺虎從衡，一予一奪，得喪誰明？豈知君子，揖讓是稱？述崇讓篇第四。凡所謂讓，福我邦人，豈將國土，讓于彊鄰？四夷交侵，孰甘帝秦？述攘夷篇第五。慮亡則存，好樂斯愁，魚爛而亡，聖人所憂，己則自亡，于人何尤？述疾亡篇第六。人非土石，孰無血气，忘國家仇，是曰無恥。

大哉聖人，大復仇義！述尚恥篇第七。人羣進化，必有定期，大同之世，今豈其時？今宜何施？內華外夷。述進化篇第八。名之不正，則事不成，事之不成，禮樂曷興？禮樂不與，夷狄曷征？述正名篇第九。外攘夷狄，內明人倫，親吾之親，以及人親，吾儒之教，惟茲是勤。述倫理篇第十。同生斯世，曰我與人，何以處之？曰義與仁。以別公私，以明人倫。述仁義篇第十一。春秋之嚴，誅鋤暴強，至其仁厚，惡短善長，爲善既易，改惡何傷？述善惡篇第十二。可立難權，聖人已明，世言公羊，重權棄經，寧知是子，言經獨精？述經權篇第十三。君子之經，正大光明，豈說神怪，爲世譏評？惜哉何生！以災異鳴！述匡何篇（今改爲災異說）第十四。惟茲何生，大雅不羣，言所不言，闡所未聞，雖有微瑕，燦矣其文！述恕何篇第十五。（今入傳述考內）嗟予小子，痛此崩隤，願抱遺經，出於秦灰，仰鑽前後，既竭吾才！述自序篇第十六。

書成，閱三年，昔日治經之態度，乃變而爲考古之態度；且以昔日古文之體，未便於今日之學者，故遂改易爲茲編，以質於世之博學君子，督而正之，是所祈禱焉。

珍倣宋版印

民國十八年四月印刷
民國十八年四月發行

公羊家哲學（全二冊）

△定價銀一元
（外埠另加郵匯費）

有著作權 不准翻印

著者　北流陳柱
發行者　中華書局
印刷者　中華書局
印刷所　中華書局
上海靜安寺路二七七號

總發行所　上海棋盤街　中華書局

分發行所
北平　天津　張家口　邢台　保定
濟南　青島　太原　開封　西安　蘭州　成都
重慶　長沙　常德　衡州　漢口　沙市　南昌
九江　安慶　蕪湖　南京　徐州　杭州　蘭谿
福州　廈門　廣州　汕頭　潮州　梧州　雲南
貴陽　遼甯　吉林　長春　新加坡
中華書局

（五二三五）